A PRIMAVERA DO DRAGÃO

A JUVENTUDE DE GLAUBER ROCHA

A PRIMAVERA DO DRAGÃO

A JUVENTUDE DE GLAUBER ROCHA

NELSON MOTTA

OBJETIVA

Editora Objetiva Ltda.
Rua Cosme Velho, 103
Rio de Janeiro — RJ — Cep: 22241-090
Tel.: (21) 2199-7824 — Fax: (21) 2199-7825
www.objetiva.com.br

Capa e projeto gráfico
Luiz Stein Design (LSD)

Designers assistentes
João Marcelo, Fernando Grossman e Mariana Spena

Imagem de capa
Glauber Rocha no set de *Barravento*, acervo Tempo Glauber

Edição
Isa Pessôa

Produção editorial
Daniela Duarte
Clarisse Cintra

Pesquisa de texto e imagem
Eduardo Sá

Assistentes de pesquisa de imagem
Thaís Lopes
Luiza Miguez

Produção gráfica
Marcelo Xavier

Coordenação de revisão
André Marinho

Revisão
Rita Godoy
Tamara Sender
Ana Kronemberger

Editoração eletrônica
Abreu's System Ltda.

Impressão
Geográfica

CIP-BRASIL. CATALOGAÇÃO-NA-FONTE
SINDICATO NACIONAL DOS EDITORES DE LIVROS, RJ

M857p

Motta, Nelson
A primavera do dragão / Nelson Motta. - Rio de Janeiro: Objetiva, 2011.

368p. ISBN 978-85-390-0285-6

1. Rocha, Glauber, 1939-1981 - Biografia. 2. Diretores e produtores de cinema - Brasil - Biografia. 3. Cinema - Brasil - História. I. Título.

11-4697. CDD: 927.9143023
CDU: 929:791.43.071.2

para meu pai
e
para os filhos de Glauber

Glauber e Nelson na gravação de um programa de TV, Rio de Janeiro, 1979

Comecei este livro no verão de

1989, no Rio de Janeiro, em vários encontros com dona Lucia, mãe de Glauber, para conversar sobre sua infância, adolescência e juventude. Era o ponto de partida para traçar um retrato do artista quando jovem, a base para reconstituir os anos de formação de um personagem símbolo de sua geração. Como um filme de final feliz, fechando com a sequência da sua consagração internacional com *Deus e o diabo na terra do sol* no Festival de Cannes de 1964, quando Glauber tinha só 25 anos.

Depois das conversas iniciais com dona Lucia, entrevistei a primeira mulher e musa de Glauber, Helena Ignez, seu mestre Nelson Pereira dos Santos, seus amigos e parceiros Cacá Diegues, Luiz Carlos Barreto, Luiz Carlos Maciel, Luiz Augusto Mendes, Paulo César Saraceni e o diplomata Arnaldo Carrilho, que participaram intensamente da vida de Glauber nesse período e testemunharam a explosão de seu talento e a sua trajetória fulgurante.

Fui a Salvador em busca da sua turma de juventude. Em Itaparica, ouvi João Ubaldo Ribeiro contar aventuras e travessuras com Glauber, imitando à perfeição a sua voz e o seu jeito de falar. Escutando a fita, até dona Lucia diria que era Glauber.

Conversei com seus amigos de colégio e faculdade, o artista plástico Calazans Neto, os poetas e escritores João Carlos Teixeira Gomes e Fernando Rocha Peres, o cineasta Orlando Senna, o produtor e escritor Rex Schindler, o cineasta e inventor Roberto Pires, que criou uma lente de Cinemascope baiana, e revirei arquivos de jornais e revistas de

Salvador do final dos anos 50 e início dos 60. Até com sua babá Adelina conversei, numa casinha na periferia de Salvador.

A partir desse protagonista sensacional, beirando o inverossímil, fui tecendo uma história alegre de amizades, esperanças e conquistas. Ao contrário dos últimos anos da vida de Glauber.

Com as gravações das entrevistas transcritas, eu começava a estruturar o livro quando uma notícia de jornal me fez mudar de ideia: Zuenir Ventura estava escrevendo uma biografia de Glauber Rocha.

Não era apenas um grande jornalista escrevendo uma biografia completa, do berço ao túmulo, de seu amigo Glauber Rocha. Era mais que isso. Zuenir foi meu professor de Comunicação na Escola Superior de Desenho Industrial de 1966 a 68, e suas aulas eram tão fascinantes que acabaram me desviando do design para o jornalismo. Além disso, também foi ele quem me transformou em escritor profissional, em 1996, quando armou para que eu fizesse *Nova York é aqui* para a Objetiva. Era meu querido mestre Zu.

Desisti imediatamente.

Ele me contou que tinha começado pelo fim, pela pior parte, viajando para Portugal e entrevistando as testemunhas dos últimos dias de Glauber, médicos, patologistas, enfermeiros, amigos, uma tristeza. Depois foi a Paris e Nova York colher documentos e depoimentos sobre as passagens de Glauber pela Europa e pelos Estados Unidos nos anos 70. Fez pesquisas e entrevistas sobre as últimas horas de Glauber no Rio de Janeiro.

Alguns meses depois de nossa conversa, as dezenas de fitas gravadas por Zuenir e os seus dois cadernos com descrições de personagens, impressões e opiniões estavam no carro de uma amiga que foi roubado numa rua de Ipanema, enquanto eles faziam uma visita.

Zuenir apelou no rádio e nos jornais, colocou anúncios nas páginas de polícia oferecendo recompensa. Depois de seis meses entre a esperança e a paciência, fez uma interpretação glauberiana do acontecido: "Era um daqueles sinais em que ele tanto acreditava. Era ele me dizendo para abandonar o projeto."

E abandonou, como eu abandonara o meu.

Vinte anos e sete livros depois, conversando com Zuenir em um festival literário, falamos com saudade de Glauber. E ele se lembrou do meu projeto, sugeriu que eu o retomasse. Obedeci ao mestre.

Achei a caixa empoeirada com todas as minhas fitas e depoimentos transcritos. Vários entrevistados, como Calazans Neto, Roberto Pires e Gugu Mendes, já tinham ido. Mas estava tudo lá.

Voltei a Salvador e escrevi a maior parte do livro no verão de 2010. Depois fiz novas entrevistas no Rio com Nelson, Barreto, Cacá, Sérgio Ricardo, Yoná Magalhães, Walter Lima Junior e Caetano Veloso. E, para fechar a história, com Zuenir Ventura. No verão de 2011, em Salvador e no Rio de Janeiro, no ano em que se completam trinta anos da morte de Glauber, terminei o livro.

Também fiz uma interpretação glauberiana dos acontecimentos e achei que era a hora de contar a sua história. E que ela poderia divertir, informar e emocionar até quem nunca ouviu falar em Glauber Rocha.

Glauber Rocha em sua casa de Salvador, no final dos anos 1950

CONQU

ISTA
1939

Para nascer, ele quase matou a mãe. No casarão da rua da Várzea, Lucinha viveu uma longa noite de suor e lágrimas, padecendo com as dores terríveis das contrações. Com 20 anos, pequena e frágil, estava exausta e poderia desfalecer a qualquer momento. Só a emoção do primeiro filho a mantinha lutando.

Ao lado da cama, o médico da família temia pela vida da mãe e do bebê. Era urgente pedir a ajuda de um especialista, e Adamastor foi buscar o dr. Crescênsio, o único obstetra de Conquista. Por suas mãos e ferros, Glauber nasceu com 5 quilos, moreno, peludo e chorando alto. Raiava o dia 14 de março e a Bahia comemorava o 92º aniversário do poeta Castro Alves, morto aos 24 anos e marcado pela glória, a paixão e a tragédia.

Conquista tinha estimados 50 mil habitantes na área urbana e rural, começava a prosperar com a agricultura e a pecuária da região, e com a abertura da estrada Rio-Bahia. A 500 quilômetros de Salvador, ao pé da Serra de Piripiri, mil metros acima do mar, desfrutava de clima ameno e tinha invernos tão frios que alguns conquistenses mais ufanistas a chamavam de "Suíça baiana".

Morenão de lábios finos e bem-desenhados, Adamastor era caixeiro-viajante. Com 14 anos, saiu de Ilhéus para São Paulo, onde estabeleceu a sua base de operações. Comprava no Rio e vendia no interior de São Paulo, de Minas e do Sul da Bahia. Quando chegou a Conquista, tinha 35 anos, duas malas e um grande baú cheio de tecidos. Gostou da cidade, do clima, das moças bonitas e bem-vestidas. Seu faro comercial identificou um mercado promissor e carente, e Adamastor negociou um abatimento para ficar 15 dias na pensão de dona Ritinha. E começou a vender as suas mercadorias de porta em porta.

Simpático, educado e de palavra fácil, Adamastor era um vendedor nato, que oferecia suas mercadorias enquanto contava histórias divertidas ou trágicas de Copacabana e da avenida São João, que parecia conhecer com familiaridade, falava gírias engraçadas do Bixiga, dizia conhecer todas as fábricas de tecidos da Mooca. Não era um bonitão, mas agia como se fosse, ajudado por boas roupas e um andar gingado e malandro que aprendera no Rio de Janeiro e o distinguia dos locais.

No fim do primeiro dia de trabalho, Adamastor voltou para a pensão com as malas vazias e os bolsos cheios. Tomou um banho frio, vestiu calça e camisa de linho branco, se perfumou e foi para o bailinho do Clube Recreativo, onde as moças podiam ficar até 11 da noite.

Lucinha era filha de fazendeiro, vivia com os pais e 13 irmãos no casarão de sete quartos e quatro salas na rua da Várzea. Foi educada nos rígidos padrões morais da Igreja Batista, lendo a Bíblia e frequentando os cultos dominicais. Empolgada com uma companhia mambembe de teatro que se apresentara na cidade, Lucinha se encantou com a atriz que fazia a heroína, que a maledicência provinciana dizia ter largado o marido para fugir com um trapezista de circo. Quando se formou no colégio, pediu um presente ao pai: que a deixasse estudar teatro, ser atriz. Seu Antoninho disse que ela poderia estudar o que quisesse, mas não queria ser pai de puta. E encerrou o assunto. Lucinha foi chorar no quarto.

A vida seguia lenta e vazia em Conquista. Romântica e curiosa, de espírito inquieto, Lucinha lia tudo que lhe caía nas mãos, romances femininos, clássicos, poesia, biografias de homens célebres. Tinha 16 anos quando se apaixonou perdidamente por Guilardo, alguns anos mais velho do que ela, que estudava Direito em Salvador e tinha fama de dançarino, boêmio e namorador. Quando os irmãos descobriram, o expulsaram da cidade, na ponta de revólveres, deixando Lucinha com um buraco no coração.

Enlutada, chorava e emagrecia, passava dias sem falar com ninguém e recusava todos os convites, parou de estudar e de frequentar o culto dominical. Dona Marcelina a levou para Salvador e a internou em um colégio de freiras católicas, onde, mesmo sendo batista, era obrigada a assistir à missa todo dia.

Um ano depois, voltou para Conquista e continuou apática, comendo e falando pouco, quase sem sair de casa. Não se interessava por nada. Uma noite, as irmãs tanto insistiram que ela as acompanhou ao bailinho no sobrado do Clube Recreativo.

No pequeno palco, o conjunto musical do crooner Moreno tocava sucessos de Orlando Silva e Francisco Alves. Na mesa, Lucinha e as irmãs viam Adamastor rodopiar pelo salão, dançando duas ou três músicas com uma moça, e depois com outra, e uma outra. Como um *serial dancer*, escolhia as mais bonitas, provocando uma onda de comentários abafados pela música.

Todos os olhos estavam sobre Adamastor quando ele se aproximou da mesa e tirou Lucinha para dançar. E todo o salão a viu recusar. Adamastor insistiu, com gentileza. Lucinha negou, seca. Abalado com a temida "tábua", Adamastor se retirou para o bar, sem perder o andar gingado de malandro carioca.

No dia seguinte, por acaso ou ousadia, Adamastor passava pela rua da Várzea com suas malas quando a janela se abriu e Lucinha apareceu. Ele apenas fez um cumprimento com a cabeça, sorriu como um vendedor, abrindo as malas na calçada. Dona Marcelina veio para a janela.

Perfumes franceses Fetiche e Rive Gauche, sedas finas, talcos, botões, fivelas e aviamentos encheram os olhos de Lucinha e de dona Marcelina. E o bolso de Adamastor. Com uma ótima venda efetuada, ele fechou as malas e, galante e atrevido, ofereceu um corte de tecido para Lucinha. Para que fizesse um vestido para ela, e um lenço para ele.

Lucinha não demonstrou nada além da cortesia, mas gostou. Dona Marcelina, mais ainda: depois de tanto tempo de apatia, a filha se interessava por alguma coisa, mesmo que fossem só perfumes, sedas e histórias de um caixeiro-viajante.

As visitas e os presentes se sucederam. Aos poucos, nascia no coração ferido de Lucinha uma simpatia por ele. Adamastor era um homem-feito, um macho sabido e viajado, que a tratava como uma princesa.

Os estoques de Adamastor logo se esgotaram e ele voltou a São Paulo para buscar novas mercadorias e vender em Conquista e no interior. Decidira se mudar de mala e cuia para a cidade, o mercado regional se mostrava promissor, e estava apaixonado por Lucinha.

Antes de partir, fez questão de comunicar sua decisão aos pais, e principalmente aos irmãos, de sua amada. Eles andavam armados e Adamastor tinha ficado sabendo da história de Guilardo. Também sabia que poucos pretendentes despertam mais suspeitas do que caixeiros-viajantes, pela própria natureza de seu trabalho. Muitos têm várias famílias, como marinheiros do sertão, uma amada em cada rodoviária.

Lucinha percebia que Adamastor estava tomado pela paixão, já a experimentara com Guilardo e ainda sofria suas consequências. Seu coração não batia mais forte por ele, mas tinha prazer em encontrá-lo, admirava sua inteligência e sua experiência, apreciava a corte elegante que ele lhe fazia. Começou a acalentar a ideia de construir um amor onde havia apenas simpatia e um início de amizade. A paixão e o abandono lhe haviam deixado cicatrizes e desconfianças. Com Adamastor sentia-se segura e protegida, era o centro de suas atenções, com ele tinha chances de se libertar da opressão familiar e, talvez, encontrar o amor.

Adamastor sentiu que a simpatia de Lucinha poderia se transformar em algo maior e mais profundo. Viajou e começou a mandar longas cartas, bem-escritas, educadas e respeitosas, que revelavam um homem sério e maduro, mas não escondiam o apaixonado. Com as cartas, a distância e a fantasia, Adamastor ganhou novas cores para Lucinha. Por escrito, ele era melhor do que em pessoa. Na volta, o namoro começou, com a aprovação da família. Adamastor queria ficar noivo e casar logo. Lucinha, nem tanto.

Novas viagens e novas cartas, cada vez mais apaixonadas e ansiosas. Lucinha respondia com parcimônia e cordialidade. No fim do ano, Adamastor vestiu um terno novo e colocou no bolsinho do paletó o lenço de seda feito por Lucinha com o corte de tecido que ele lhe dera. E foi fazer o pedido oficial de casamento.

Com a família reunida na sala, sacou do bolso e leu uma longa carta de intenções, apresentando sua biografia, sua família e seu currículo profissional, para, no final, pedir respeitosamente a mão de Lucinha.

Mão consentida, enxoval feito de linho inglês bordado, casamento realizado pelo pastor João Norberto. Grande festa no casarão da rua da Várzea, todo reformado e pintado para o evento.

Com dois meses de casamento, Lucinha já estava grávida. Adamastor vendeu as vacas com que o sogro lhes havia presenteado e montou o bazar Ita, onde Lucinha vendia tecidos, botões e aviamentos, enquanto o marido viajava e ampliava seus negócios, se tornando representante de uma grande indústria de biscoitos e de um fabricante de louças e cristais de São Paulo.

Quando se casou com Adamastor, Lucinha tinha sonhos e esperanças. O amor ela só sentiu quando Glauber nasceu.

O caixeiro-viajante Adamastor, que vendia tecidos do Rio na Bahia, conquistou o coração de Lucinha

BÍBLIA E BANG BA

NG

A alegria pela chegada do menino abriu uma discussão entre Lucinha e Adamastor. Ele queria que se chamasse Pedro. Ela, Glauber.

"Glauber?", ele se espantava, "eu nunca ouvi esse nome".

"Por isso mesmo, para ser original, ter um nome só dele", Lucinha defendia sua escolha, "é um nome alemão, de um grande químico do século XVII, um sábio que inventou remédios importantes e se chamava Johann Rudolf Glauber, li uma biografia dele e gostei do nome".

Glauber, o alemão, nasceu em 1604 e, entre outras coisas, descobriu as propriedades terapêuticas do sulfato de sódio, que se tornou conhecido como "sal mirabilis", ou "sal de Glauber", um poderoso laxante que o levou ao sucesso comercial, mas, como era péssimo administrador, acabou falindo. Glauber morreu envenenado paulatinamente pelas substâncias que manipulava em seus estudos químicos, registrados em quarenta livros. Atualmente seu sal é usado na produção de detergentes.

Era o nome escolhido por Lucinha, e nada a demoveria. A Adamastor restava aceitar.

Um ano depois, nascia Ana Marcelina, e a guerra estourava da Europa. As tropas de Hitler avançavam pelo continente, Adamastor não desgrudava do rádio, Getúlio Vargas mostrava simpatias pelo nazifascismo, mas, se apoiasse Hitler, o país dividido pegaria fogo. O pai temia que o nome alemão criasse problemas para Glauber.

Adamastor vivia na estrada, trabalhava duro e prosperava. Para estar mais perto da família, aos poucos foi mudando de ramo, e as longas viagens começaram a encurtar. Comprou um caminhão basculante e se tornou subempreiteiro nas obras de abertura de um trecho da Rio-Bahia próximo de Conquista. Logo comprou um trator, uma betoneira e outros equipamentos, e estava abrindo estradas vicinais para prefeituras da região.

A família Rocha vivia em paz, harmonia e prosperidade quando nasceu Anecyr, sob o signo do escorpião, em outubro de 1943, no mesmo ano em que Conquista, por lei federal, passava a se chamar oficialmente Vitória da Conquista. O povo ignorou a redundância e continuou chamando só de Conquista.

Anecyr, que seria chamada pela família só de Necy, não se parecia com Lucinha e nem com Adamastor: era a cara de Glauber. Com o tempo, os dois ficariam cada vez mais parecidos, como se ela fosse ele em homem, e vice-versa. Pelas afinidades, e narcisismo, os irmãos se adoravam.

Glauber crescia fazendo perguntas sobre o céu e a terra, sobre Deus e o diabo, como nasciam as crianças, como a chuva caía, como a Terra girava, como Adamastor abria estradas.

Com 5 anos, bateu pé e não houve força capaz de levá-lo para o jardim de infância. Aprendeu a ler com a mãe, em casa. Em família, Glauber era doce e gentil, mas quando foi para a escola passou a provocar reclamações constantes da professora, por sua rebeldia e desinteresse pelas aulas. Na escola dominical, chegou a discutir a existência de Deus com a esposa do pastor.

Além da Bíblia, que o fascinava, Glauber lia avidamente histórias em quadrinhos, *O Gibi*, *O Globo Juvenil*, *O Tico-Tico*, e a revista *Cena Muda*, que Adamastor trazia das viagens a Salvador. Adorava as novelas da Rádio Nacional, os seriados do Sombra e de Jerônimo, o herói do sertão. Com os pais, conheceu o Rio de Janeiro, morreu de medo dentro do bondinho do Pão de Açúcar, foi à praia em Copacabana.

Com 8 anos, a precocidade e o espírito rebelde de Glauber preocupavam Lucinha, mas lhe davam muito orgulho e esperança. Sabia que ele era especial, faria tudo para lhe dar a melhor educação possível, para que desenvolvesse suas imensas potencialidades.

Em casa, Glauber divertia a família imitando as pregações do pastor no culto dominical, as ameaças aos ímpios e infiéis, as advertências sobre as tentações demoníacas, a fé na justiça, no sacrifício e no poder do sangue de Jesus Cristo. Enquanto imitava e parodiava, Glauber refletia sobre o bem e o mal, sobre a vida e a morte, a miséria e o poder. E quando adultos lhe perguntavam o que queria ser quando crescesse, não hesitava:

"Quero ser pastor."

Glauber adorava os domingos. De banho tomado e penteado, vestido com a melhor roupa, ia com a mãe ao culto. E de lá, correndo pela rua, direto para o Cine Conquista, onde via os seriados de bandido e mocinho, de soldados e índios, os filmes de Errol Flynn e Allan Ladd, de John Wayne e de Victor Mature, do Zorro.

De volta para casa, contava tudo para os pais, as irmãs, a cozinheira Adelina e a quem mais estivesse por perto: a história, os personagens, os atores e diretores. Cobriu as paredes do seu quarto com fotos de artistas de cinema, caubóis, aventureiros, gângsteres, piratas, heróis. Com a ajuda de Adelina, preencheu diversos álbuns com recortes de revistas de cinema, atores e atrizes, produtores e diretores, mocinhos e bandidos.

No carnaval, Glauber se fantasiava de caubói, mas usava o figurino durante o ano inteiro. Às vezes não amarrava o lenço no pescoço como os vaqueiros, mas cobrindo o nariz e a boca, como os assaltantes de diligências.

Uma tarde, com a casa vazia e o tresoitão de Adamastor pesando na mãozinha de menino, gritou para Adelina:

"Camonibói!", era sua versão dos "come on, boy!" que ouvia nos faroestes de cinema.

"Mãos ao alto senão leva chumbo!"

Encurralada num canto da cozinha, com a voz trêmula, Adelina ameaçava contar para seu Adamastor.

"Isto se você ainda estiver viva para contar", Glauber falava entre os dentes, com voz baixa e ameaçadora. E empurrava o revólver contra a barriga de Adelina, dedo no gatilho.

Ela chorava, levantava os braços e implorava clemência.

Vitorioso, Glauber tirou o lenço do rosto e, com um sorriso de criança, abaixou a arma, para logo em seguida, num gesto rápido, apontá-la para a própria cabeça. Olhou sério nos olhos esbugalhados de Adelina e apertou o gatilho. Clic.

"Não tem bala não, sua boba." Glauber ria divertido e carinhoso, abraçando Adelina, que chorava de pavor.

Fantasia e realidade se misturaram quando, numa disputa de terras, seu tio Esmeraldo foi fuzilado pelo matador de aluguel Antonio Pernambucano ao sair de uma farmácia, na rua das Flores. Toda a família se vestiu de preto, os homens juraram vingança, Glauber jamais esqueceu.

Nas páginas a seguir, d. Lucia com os filhos, Glauber, Necy e Ana Marcelina, em Vitória da Conquista, 1945; e Glauber, que morreu de medo do bondinho, na visita com o pai ao Pão de Açúcar, 1943

O SERTÃO

A TRA

E

GÉDIA
O MAR

Nos fins de semana, Adamastor botava a família na caminhonete Ford e seguia para as feiras da região, onde Glauber conheceu os poetas de cordel e os cegos violeiros contando histórias de Lampião, do arraial de Canudos e de Antônio Conselheiro. Sagas sertanejas de lutas por terras, em narrativas de coragem, heroísmo e misticismo.

A pequena empreiteira de Adamastor crescia, as obras o levavam para mais longe de casa e mais tempo em Salvador, onde negociava contratos de construção de estradas com o governo. Lucinha queria ir para a cidade grande, dar uma educação melhor aos filhos, e ficou muito feliz quando Adamastor anunciou que a família se mudaria para a capital. Glauber tinha 9 anos.

Chamada de Cidade da Bahia pelos baianos do interior, em 1948 Salvador era uma metrópole de 400 mil habitantes, com bondes elétricos, muitos carros nas ruas, vários cinemas, igrejas riquíssimas e o Mercado Modelo, onde Glauber conheceu o samba de roda e as figuras dos orixás do candomblé. O Elevador Lacerda, que levava da Cidade Baixa para a Alta. A sorveteria A Cubana, de onde se via a baía de Todos os Santos brilhando ao sol e pontilhada por saveiros e navios, enquanto se saboreava delícias geladas de frutas e milk-shakes com bolinhos de baunilha.

Em Salvador, a família se hospedou no Hotel Imperial, na avenida Sete de Setembro, uma zona em que comércio e residências se misturavam. Aos domingos, passaram a frequentar a Igreja Batista do Sião, no Campo Grande, onde Glauber cantava no coro e sabia os hinos de cor. Para aprofundar seus estudos da Bíblia, entrou para a Sociedade Evangélica dos Moços do Brasil.

Aos poucos, a família se adaptava à vida na metrópole cheia de carros, barulho e luzes. Adamastor viajava para supervisionar as obras, enquanto seu irmão cuidava dos contratos em Salvador.

Lucinha ficou feliz com um telegrama do marido, depois de longa ausência, avisando que chegaria em 48 horas. No dia seguinte, recebeu a visita do dr. Spinola, médico da família em Salvador, trazendo péssimas notícias. Seu irmão Fernando, também médico em Conquista, telegrafara avisando que Adamastor sofrera um grave acidente nas obras da estrada Conquista-Vila Nova e estava muito mal, em coma. Fora atingido na cabeça por uma peça de ferro, tinha perdido massa encefálica, e suas possibilidades de sobreviver eram mínimas. Quando Lucinha voltou do desmaio, pegou as crianças, entrou no carro do dr. Spinola e partiu para Conquista no meio da noite.

Com um grande coágulo no cérebro, o estado de Adamastor era desesperador; o neurocirurgião Viana foi chamado com urgência em Salvador. Na precariedade do hospital de Conquista, depois de uma cirurgia longa e complexa, o coágulo foi drenado e uma placa de platina colocada no crânio de Adamastor.

Lucinha foi advertida de que, caso sobrevivesse, ele poderia ter sérios comprometimentos de funções cerebrais e motoras.

Adamastor sobreviveu. Mas nunca mais foi o mesmo. Quando saiu do coma, não falava, não via e nem ouvia. Ficou dois meses numa cadeira de rodas em Conquista, com movimentos lentos e difíceis, nervoso e irritadiço, dizendo frases desconexas. Com metade do corpo ainda paralisada, foi levado para Salvador e iniciou uma lenta recuperação na casa recém-alugada na rua Santo Antonio da Mouraria.

Lucinha precisava cuidar de Adamastor, dar banho e comida na boca, tratá-lo como um bebê. Ele a odiava e xingava por isto. Tornou-se instável e neurastênico. Parecia um outro homem.

Adamastor não poderia mais trabalhar, alguém precisava pagar o aluguel, a comida e o colégio das crianças. Lucinha vendeu um pedaço de terra que o pai havia lhe dado em Conquista e abriu a loja O Adamastor, na movimentada rua Chile, em frente à Livraria Civilização Brasileira, ponto de encontro de políticos e intelectuais. Venderia roupas finas para senhoras e cavalheiros, que amigas lhe trariam do Rio de Janeiro e de São Paulo, e também café, bolinhos e doces que Adelina faria em casa.

Para cuidar de Adamastor, Lucinha matriculou Glauber no internato do Colégio Dois de Julho, com ótima reputação de ensino e rígida disciplina, dirigido por um casal de protestantes norte-americanos. Glauber odiou o colégio, o confinamento, o puritanismo, a formalidade. Em protesto, se recusava a aprender inglês, desafiava os professores e regulamentos, andava com o uniforme mal-ajambrado. Depois de várias reclamações da diretora e de apelos dramáticos de Glauber, que se sentia um presidiário, Lucinha transferiu-o para o externato. Mas o conflito continuou.

Além da indisciplina e do desleixo, Glauber também chamava a atenção dos professores por sua rapidez e inteligência no aprendizado. E pela precocidade. Estimulado pela professora Irene, montou no auditório do colégio a sua primeira peça, *El hilito de oro*. Sim, era em espanhol, ou quase, que Glauber havia aprendido de orelhada com vizinhos espanhóis, e a ação se passava em Cuba. Em português, seria *O fio de ouro*, a história de um príncipe, Glauber, de roupa de veludo, espada e pluma no chapéu, que deveria escolher uma noiva entre três pretendentes, interpretadas por Ana Marcelina e duas colegas. Duas eram ricas, fúteis e arrogantes, outra era pobre, gentil e generosa, e depois de algumas peripécias, o príncipe ficava com a pobrinha, sob os aplausos de alunos, professores e familiares. As fotos da peça encheram o mural do Colégio Dois de Julho.

Glauber aos 9 anos, em Conquista, a cidade onde nasceu

A M

A FILOSO

ORTE
FIA
E A POLÍTICA

Aos poucos, Adamastor melhorava, já conseguia andar, estava enxergando razoavelmente com os óculos fundo de garrafa, mas ainda tinha problemas com a fala. Lucinha trabalhava o dia inteiro na loja, ajudada por João, um agregado da família vindo de Conquista.

Alguns dias depois de seu aniversário de 10 anos, Glauber recebeu um presentão quando a mãe o levou para assistir ao desfile de comemoração do quarto centenário de fundação de Salvador, no Campo Grande. Índios, portugueses, jesuítas, escravos, nobres, reis e vice-reis, imperadores, heróis da liberdade e fundadores da nacionalidade desfilavam em carros alegóricos e no chão de paralelepípedos da velha cidade, ao som de cantos e tambores, e enchiam os olhos de Glauber.

Um ano depois do acidente, Adamastor já se movimentava sem problemas, e seu raciocínio havia melhorado bastante, o suficiente para que pudesse sair sozinho para longos passeios pelas redondezas. Alheio aos problemas domésticos, com relações ásperas com a mulher e distantes com os filhos, às vezes passava o dia inteiro fora de casa. Vizinhas fofocavam que ele dizia galanteios e perseguia mocinhas na rua. Lucinha se preocupava, mas não ousava segui-lo.

Ana Marcelina sempre foi alegre e saudável, era gordinha e estudiosa, gostava de tocar acordeom. Tinha 11 anos quando foi diagnosticada com leucemia, câncer na medula. Vários médicos foram consultados, novos exames foram feitos, mas nada poderia salvá-la. Consumida pela doença e por remédios devastadores, Aninha definhou durante seis meses e morreu duas semanas depois do aniversário de Lucinha.

Glauber sofreu barbaramente, se revoltou contra Deus, chorava e gritava, esmurrava as paredes, falava sozinho, fechado no quarto. Ia fazer 12 anos e não conseguia encontrar explicação ou sentido naquela tragédia que havia destroçado a sua família.

Com a morte da filha caçula, Adamastor, que fazia progressos em sua recuperação, sofreu um abalo nas funções cerebrais, que o levava a confusões mentais e alucinações. Gritava por Aninha, queria ir visitar a filha no Campo Santo todo dia, mergulhava em profunda depressão, ficava dias sem comer. Tornava-se violento, era visitado frequentemente pelo dr. Spinola, precisava de cuidados permanentes. Em casa, devastados pela dor e assustados, Glauber e Necy sofriam com as hostilidades entre Adamastor e Lucinha.

Seis meses depois da morte de Aninha, Adamastor chegou em casa com um médico amigo da família, dr. Eliezer, que trazia nos braços um recém-nascido enrolado em uma manta. A mãe havia morrido no parto e não tinha parentes; adotar a criança seria uma grande caridade — e faria muito bem para Lucinha e Adamastor.

E assim foi. Adamastor registrou-a no cartório como sua filha e de Lucinha, com o nome de Ana Lucia.

Necy começou a chamá-la de Lu e todos a seguiram. A menina alegrava a casa, Adamastor e Lucinha voltavam a sorrir, Glauber lia sem parar, romances de aventuras e quadrinhos, e estudava apenas o suficiente para passar de ano no execrado Dois de Julho. As dificuldades de dinheiro se agravavam, a loja não rendia o suficiente, e Lucinha tomou uma decisão.

Vendeu o Chevrolet 48 de Adamastor e alugou um casarão de 18 quartos, com duas grandes salas, na rua General Labatut, nos Barris, um bairro de classe média com boas residências e muitos colégios, próximo das faculdades de Direito e de Medicina. E abriu a pensão "O Quatorze".

Comprou 12 camas e colchões, colocou beliches em seis quartos. Dois fogões a gás de seis bocas na enorme cozinha. Roupa de cama, mesa e banho. E se mudou com a família e os empregados Adelina e João.

Os anúncios colocados por Lucinha no jornal *A Tarde* funcionaram, e uma semana depois a pensão recebia seus primeiros hóspedes: o irmão Carlito e seu sobrinho Flávio, que passariam uma temporada em Salvador, um estudante de Direito de Itapetinga, um médico de Aracaju e seis irmãos de uma família de Itabuna, todos com nomes indígenas. Iguaçu, Iberê, Ubirajara, Yara, Moema e Iracema haviam perdido os pais em um acidente e viviam de uma pequena herança. Eram universitários e secundaristas em Salvador, e os mais velhos cuidavam dos mais novos, os três rapazes dividiam um quarto, enquanto as três moças ocupavam a taba ao lado.

Com Lucinha assoberbada entre os cuidados de Adamastor, a pensão e a loja, Glauber começou a ajudá-la, assumindo a grande caixa registradora prateada d'O Adamastor todas as tardes, depois das aulas no Dois de Julho. Um dia Lucinha notou que Glauber não estava tirando os tickets da caixa como deveria, mas dando aos fregueses notas escritas à mão em um bloquinho.

Chamou João e perguntou-lhe se a caixa estava quebrada. "Não, senhora."

"Então por que Glauber está tirando as notas naqueles papeizinhos? Fica muito feio."

Com os olhos e a cabeça muito longe dali, Glauber atendia os fregueses e voltava a desenhar na bobina de papel de tickets da caixa registradora: um filme inteiro, plano a plano, com cenários, personagens e diálogos.

Logo terminou e foi mostrar o rolo desenhado para Lucinha e João. À noite o exibiria para toda a família.

Com a ajuda de Adelina, Glauber construiu uma caixa de madeira, abriu uma janela e instalou uma pequena lâmpada. Rodando entre dois eixos, o rolo de papel passava pela janelinha iluminada enquanto Glauber dizia os diálogos e cantava as músicas improvisadas no estilo dos cantadores de feira.

Chamava-se *Faroeste na Bahia* e era uma história de vaqueiros e jagunços, tocaias e brigas de terra. John Ford no sertão. Anunciou para breve *Bang bang em Conquista*.

No fim do ano havia lido *Capitães da areia* e *Terras do sem-fim*, de Jorge Amado, que o empolgaram pelos personagens populares e a linguagem forte. Leu Edgard Allan Poe, Charles Dickens e Rudyard Kipling, de *Mogli, o menino lobo* e do clássico poema "Se...", que sabia de cor, mas desconfiava que nem Kipling conseguiria seguir todas as suas próprias condicionais. Adorou *O tempo e o vento*, de Erico Verissimo, mas o que mais o impressionou foi *O Ateneu*, de Raul Pompeia, memórias de um garoto em um internato, como ele. Também começou a se interessar por filosofia, nos livros populares de Will Durant, que contavam a história das principais escolas filosóficas em linguagem acessível. Logo falava com desenvoltura sobre Nietzsche, Schopenhauer e Voltaire, que os colegas nem imaginavam quem fossem.

Com 14 anos, Glauber se formou no ginásio e foi o orador da turma. Escreveu um longo discurso, em tom agressivo, descarregando a sua raiva do colégio. Mas, pouco antes de a solenidade começar, faltou energia em Salvador e, à luz de velas, diante do auditório lotado,

Glauber improvisou outro, ainda mais violento. Começou em tom protocolar, agradecendo a mestres e pais, falando da importância da educação e da cultura, mas foi num crescendo e terminou, com a veemência de um político em campanha, falando não só em nome dos que se formam, mas pelos que não têm escola nem comida para comer. Foi ovacionado. Adamastor ficou chocado, Lucinha, assustada e orgulhosa.

Em casa, Glauber falou sério com a mãe:

"Não quero mais continuar nesta escola burguesa, repressiva, de meninos ricos: quero ir para o Colégio Central."

A mãe concordava, o Colégio da Bahia — Seção Central era a melhor escola pública do estado. Ali havia se formado boa parte da mais respeitada inteligência baiana ao longo de décadas de ensino rigoroso, mas com uma orientação laica e liberal.

Como era uma escola pública, o Central não tinha farda de gala ou outros luxos de colégios particulares. Afirmava-se nos desfiles pela qualidade da sua banda de música.

Wilson, irmão de Lucinha, era um tio querido, culto e rigoroso, por quem Glauber tinha grande respeito. Sabendo do escândalo do discurso na formatura, enviou ao sobrinho uma carta preocupada.

Glauber enrolou para responder, mas mandou-lhe uma longa carta em linguagem elaborada, contando ao tio suas conquistas intelectuais e fazendo referências a suas leituras, tentando mostrar maturidade, falando de filosofia:

"Gosto de vários filósofos, mas nunca seguirei o ponto de vista deste ou daquele. Nunca serei 'superior' como Nietzsche, nem pessimista como Schopenhauer ou cínico como Voltaire."

Infelizmente, não tinha mais o discurso polêmico que o tio pedira para ler, sem contar que uma boa parte fora improvisada.

"Sinto muito, não houve uma cópia datilografada e limpa. Como sabes, sou displicente, portanto não cuidei do papel e sim do conteúdo. Obtive sucesso, pelo menos houve muitos aplausos e parabéns por parte de colegas, convidados, professores etc. Rasguei o original."

Mas assegurava ao tio que tinha grandes planos e que em 1954 iria começar vida nova no Colégio Central. Dentro de três anos pretendia entrar para a Faculdade de Direito, como queria Adamastor.

"Vou estudar, escrever e também namorar, apesar de não ser nenhum Apolo no físico ou um D. Juan na lábia, porém vou tentar. Acho muito difícil namorar: primeiro, sou tímido; segundo, odeio mocinhas frívolas; terceiro, só me interessam aquelas que forem cultas e inteligentes, e que não andem pensando no topete de Burt Lancaster e em Tony Curtis; quarto, não sou de 'flirt' barato e passageiro, quero amar como no século passado: romance ardente e perigoso."

Aos 13 anos, cabelo cortado e terno e gravata só na foto que a mãe o convenceu a tirar

CENTRAL
AMIZ

DE
ADES

No domingo, Glauber festejou seus 15 anos. Na segunda, começaram as aulas no Colégio Central.

Com uma vasta cabeleira que, por preguiça e desleixo, não cortara nas férias, chegou feliz, respirando liberdade, com o nó da gravata frouxo e o blusão aberto. Lá não ligavam para essas coisas, o Central abrigava filhos de ricos e pobres, pretos e brancos, católicos e comunistas.

Mal atravessou o portão e se pôs à sombra de uma árvore para ver se encontrava algum conhecido, quando foi cercado por dois veteranos, mais altos e fortes do que ele. Um deles tinha uma tesoura na mão e os dois gritavam:

"Pega o calouro cabeludo!"

Glauber tentou fugir, mas foi capturado, gritou, esperneou e acabou tosquiado, com todos às gargalhadas. Seus algozes, Muniz Bandeira e Fernando Peres, conhecido como Bananeira, foram seus primeiros amigos do Central. Depois vieram o escritor João Ubaldo, cultíssimo e um ano mais novo que Glauber; o poeta e agitador Joca Teixeira; o poeta, cachaceiro e erudito Anísio Melhor; o desenhista Calazans Neto, o Calá, que puxava de uma perna e tinha sido amigo de Ana Marcelina; o comunista Jaiminho, que se filiara ao PCB com 14 anos; Guerrinha, baixinho enfezado e contista; e Telles, um moreno falante louco por cinema.

Com eles vieram os amigos dos amigos, como os irmãos Ronaldo e Rogério Duarte, Orlando Senna e Paulo Gil, que gostavam de arte e queriam mudar o mundo nos bares e sorveterias de Salvador. Muitos deles começaram a frequentar a pensão, principalmente na hora do almoço, e passaram a chamar Lucinha de tia. Adamastor reclamava.

Tia Lucia gostava de todos, mas especialmente do doce e alegre Calá, desde que era amigo de Ana Marcelina. Além de talentoso desenhista, era um dos alunos mais populares do Central, por seu bom humor e espírito brincalhão. Vítima de poliomielite na infância, caminhava com alguma dificuldade, mas fazia o que queria e se tornara um exímio nadador. Dono de uma gargalhada estrondosa e, asseguravam os amigos, de um pau enorme, Calá era a alegria dos almoços na pensão com suas piadas e safadezas.

Bananeira era mais magro e bem mais alto que Glauber. Atitude de bonitão, sempre bem-vestido, falava com voz baixa e linguagem elegante, gostava de poesia, de teatro e de cinema, discutia literatura. Nas festas, na Livraria Civilização Brasileira e até nos bares, vestia sempre um terno escuro, para compor a figura do poeta romântico. No Central, formava com Glauber uma dupla e um contraste: um com cabelos lisos cuidadosamente penteados para trás e fixados com Gumex, a jaqueta cáqui do uniforme abotoada, a camisa branca impecavelmente lavada e passada, a gravata azul-marinho com o laço pequeno e bem-feito; o outro com as calças pela virilha, a jaqueta desabotoada, o colarinho aberto e a gravata curta e larga de laço grande e frouxo, falando alto e gesticulando muito.

Em longas caminhadas pelas velhas calçadas de pedras portuguesas, eles sonhavam com um cinema que fosse como a literatura de Jorge Amado, como a poesia de Mario de Andrade, Drummond e Vinicius. Falavam de Rosselini e de Visconti, do neorrealismo italiano, de arte popular. E de mulheres, muitas mulheres.

Os pontos de encontro eram o Bar Brasil, na Praça da Sé, e o Bar do Maciel, de onde saíam para fechar a noite no Mercado Sete Portas, comendo acarajé, sarapatel e abará. Frequentavam com assiduidade os bordéis do Pelourinho, a Casa de Nair e o "Buraco Doce", na rua Gregório de Matos.

O pai de Joca tinha uma imensa biblioteca, onde Glauber passou muitas tardes e se apaixonou pelos romances nordestinos de José Lins do Rego. Joca gostava de andar limpo e arrumado e era sacaneado por Glauber e por outros que não tinham o banho entre as suas prioridades. E gostavam de provocar o esquerdista asseado:

"Banho é coisa de burguês, Joca."

"É uma questão de higiene, seus porcos", ele reagia, "vocês fedem a galinha".

Calá tinha uma explicação mais filosófica. Quando tomado diariamente, o banho se torna um hábito, uma rotina que nem se nota, não há qualquer prazer neste ato. Já quando se passam alguns dias sem banho, ele vem como uma surpresa e uma novidade, a sensação de frescor é maravilhosa, o corpo fica leve, sem o peso da sujeira, novo.

Completamente nu, era assim que, muitas vezes, Glauber recebia os amigos no seu quarto. Peladão, travava discussões políticas e filosóficas, fazia planos de revistas culturais e discutia cinema, coçava o saco e a bunda, e soltava peidos estrepitosos com naturalidade, sob protestos dos amigos.

Além de poeta, Anísio era um erudito, lia sem parar, era inteligentíssimo. E bebia como um gambá. Seu pai também tinha uma grande biblioteca e dizia-se que, quando Anísio a recebesse como herança, beberia 5 mil livros em um mês.

Com Bananeira e seu amigo Vivaldo, Glauber viveu uma noite inesquecível no terreiro Ilê Apô Afonjá, de Mãe Senhora, que tinha entre seus ogãs Jorge Amado, Dorival Caymmi, Mário Cravo, o pintor argentino Carybé e o fotógrafo francês Pierre Verger. Fascinado, Glauber assistiu aos rituais, ouviu os cantos e atabaques, viu os orixás se incorporando nas filhas de santo, ficou mais maravilhado pela beleza do que tocado pela fé.

Em junho de 1954, o Brasil perdeu a Copa do Mundo, na Suíça, eliminado pelo fenomenal time da Hungria, que nos era muito superior. E o Brasil saiu mal, com jogadores expulsos e brigando em campo no final do jogo. Em compensação, um mês depois, Salvador viveria dias de glória com o sucesso espetacular da baiana Martha Rocha, a Miss Brasil, que ficou em segundo lugar na final do concurso de Miss Universo, em Long Beach, perdendo para a americana Miriam Stevenson, uma branquela, magrela e sem sal.

Cabelos dourados, pele bronzeada e olhos verdes, a baiana era de uma beleza exuberante, tinha um corpão, era muito mais bonita do que todas as outras. Franca favorita do público, perdeu pelas politicagens nacionalistas do concurso. E para consolar a autoestima nacional, o enviado especial de *O Cruzeiro* inventou que Martha perdera por 2 polegadas, 5 centímetros a mais de quadris do que exigiam as medidas do concurso. Mas o vice-campeonato foi comemorado como uma Copa do Mundo em Salvador, com um desfile triunfal de Martha pelas ruas da cidade.

Glauber debochava do concurso, invenção dos americanos para vender produtos e impor o seu padrão de beleza. Mas quando a turma saiu animada da pensão para a avenida Sete, para ver Martha de perto, aderiu imediatamente: era só mais um baiano orgulhoso aplaudindo a beleza da conterrânea. E revoltado com a injustiça imperialista.

Glauber e seu grande amigo Fernando Peres, conhecido como Bananeira, com o uniforme do Colégio Central

PENSA
E A

MENTO
ÇÃO

O professor Germano foi apresentado a Glauber por Telles, quando visitaram seu Círculo de Estudos Pensamento e Ação, o Cepa, que funcionava em uma sala da rua do Rosário. Com simpatias integralistas e anticomunista ferrenho, o professor Germano se dizia apenas um católico e nacionalista intransigente, que acreditava nos jovens talentosos e fazia do Cepa a principal motivação da sua vida. Um patriota cristão interessado em desenvolver os pensamentos e ações de jovens intelectuais em busca de arte e cultura.

Glauber disse ao professor que estava interessado em teatro. E imediatamente lhe propôs que o Cepa produzisse uma montagem de *As mãos sujas*, de Sartre, dirigida por ele.

"Fazer teatro na Bahia?", o professor Germano sorriu e fingiu espanto. "Aqui não temos meios, nem pessoal especializado, nem tradição. Você vai desperdiçar seu talento, meu jovem. Aqui no Cepa nós temos é um grupo de estudos de cinema. Cinema é que é a arte do século XX."

Germano tocara no ponto certo. Glauber passou a frequentar o Cepa, participando de reuniões no grupo de cinema, e logo reivindicou um projetor de 16mm, indispensável para as pesquisas e os estudos cinematográficos, para ver e analisar os grandes clássicos e até mesmo filmes ruins, qualquer filme. O importante era analisar e discutir os filmes. Fariam contatos com distribuidoras, embaixadas, consulados e departamentos culturais, promoveriam debates e seminários, com o tempo poderiam editar uma revista...

Entusiasmado com a pertinência e veemência da proposta de Glauber, mas homem de posses modestas, Germano não dispunha de recursos para concretizar aquele sonho cultural, que compartilhava ardentemente.

E viu uma grande decepção nos rostos daqueles rapazes cheios de ânimo e fé na arte. Germano sofria, não podia decepcioná-los, era sua obrigação orientar os seus passos e desenvolver os seus pensamentos e ações.

E prometeu solenemente:

"Custe o que custar, vocês terão esse projetor."

Procurou o sogro, próspero comerciante de origem libanesa, e extraiu uma doação para a nobre causa, que foi suficiente apenas para comprar um velho projetor tcheco de segunda ou terceira mão, entronizado na sala do Cepa com uma festinha cívico-cultural comandada por Germano, pródigo em abraços e palavras afetuosas. Presenteou Glauber com uma edição de *Os sertões*, recomendando, em cálida dedicatória, a sua leitura atenta.

Emocionado, Germano evocava Nietzsche e falava como Zaratustra: "Já estou menos só. Companheiros e irmãos rondam inconscientemente em torno de mim; o seu quente hálito agita minha alma."

No dia seguinte, com o policial *Macau* alugado, sala escura e projetor ligado, a primeira sessão de cinema do Cepa deu chabu: ninguém sabia mexer na máquina. Não conseguiram sequer passar a fita entre as engrenagens e carretilhas. O filme arrebentou, o som não funcionava por mais botões que se apertassem e fios que se ligassem. O manual de instruções era todo em tcheco.

Nova sessão seria marcada assim que o professor Germano encontrasse o vendedor da máquina, para que explicasse a sua complexa operação. E um simpático senhor compareceu ao Cepa para ensinar técnicas, truques e manhas do seu veterano projetor. Finalmente, foi exibido *Macau*, um bom filme de aventuras dirigido por Josef von Sternberg e finalizado por Nicholas Ray, com poucas interrupções técnicas. Seguiram-se outras sessões com o clássico de detetive *Chaga de fogo*, de William Wyler, com Kirk Douglas, e o filme B *Ao sul de Pago Pago*, sem maiores problemas, além da tremulante projeção.

Entusiasmado com os conhecimentos de Glauber sobre cinema, o professor Germano procurou seu amigo Cleto Araponga, da Rádio Excelsior, e conseguiu um espaço de 15 minutos semanais para um programa dedicado à sétima arte.

Ao contrário do que o professor imaginava, Glauber não recebeu a proposta com grande entusiasmo.

"Só 15 minutos?", reclamou, "em 15 minutos não dá para dizer nada".

Enquanto Germano argumentava sobre a necessidade de abrir caminhos, o pensamento de Glauber estava longe. De repente, gritou:

"*Cinema em close-up*! Vai ser o nome do programa."

Iria ao ar todas as terças, às três da tarde. Glauber faria críticas dos filmes em exibição e informaria sobre a programação, com notícias e comentários sobre cinema.

Dois dias depois, Lucinha ligou o rádio da pensão na Excelsior. E ouviu Glauber falar durante 15 minutos, rápido e quase sem pausas, com voz forte e firme, mas ainda de menino. Ele informava que, apesar do descrédito do cinema brasileiro, pela pobreza criativa das chanchadas e a falência do modelo europeu da Vera Cruz, em São Paulo, boas notícias vinham do Rio de Janeiro. O jovem Nelson Pereira dos Santos terminava o seu primeiro longa, *Rio, 40 graus*, quase todo rodado em exteriores, nas favelas cariocas, com pequeno elenco e produção de baixo custo, na escola do neorrealismo italiano.

Em outro programa, com a veemência de seus 15 anos, Glauber baixou o pau em *O cangaceiro*, do diretor Lima Barreto, com diálogos de Rachel de Queiroz, que havia feito sucesso no Festival de Cannes de 1953. Recebeu um prêmio de "melhor filme de aventura", foi exibido em toda a Europa e fez grande sucesso popular no Brasil. Glauber criticava a mise-en-scène, como uma espécie de macumba para turista, uma folclorização da violência e da miséria.

"Lima Barreto criou um drama de aventuras convencional e psicologicamente primário, ilustrado pelas míticas figuras de chapéus de couro, estrelas de prata e crueldades cômicas."

E pior: o filme tinha sido rodado em Vargem Grande do Sul, no interior de São Paulo, que o diretor dizia ter muita semelhança com a paisagem nordestina.

Além do *Cinema em close-up* e das sessões mambembes do Cepa, a única fonte de informação cinematográfica de Salvador eram as sessões do Clube de Cinema que Walter da Silveira promovia nas manhãs de domingo no Cine Liceu, mostrando os grandes clássicos, programando ciclos dos melhores diretores e depois debatendo os filmes. Glauber começou a frequentá-las com assiduidade e desenvolveu uma relação de grande amizade e respeito com Walter, como seu mentor de cinema e de vida.

Para Glauber e a turma, que já amavam o neorrealismo de Rosselini e Visconti, Walter foi um guia para o expressionismo de Fritz Lang, o surrealismo de Buñuel e principalmente o cinema político do russo Sergei Eisenstein. Na primeira exibição do seu clássico *Encouraçado Potemkin*, Glauber e Bananeira conversavam e comentavam tão alto durante o filme que Walter mandou parar a projeção e acender a luz. Passou uma descompostura nos dois e os expulsou da sala.

Empolgado, Glauber escreveu sua primeira crítica de cinema, sobre o americano Stanley Kramer, que havia produzido o western *Matar ou morrer* e o clássico *O selvagem*, que celebrizou Marlon Brando: *Stanley Kramer, a salvação de Hollywood*. E mandou para a revista *A Cena*

Muda. Demorou, mas o texto foi publicado, só que nas Cartas dos Leitores. Foi a primeira vez que teve a alegria de ver seu nome impresso.

Adamastor melhorava, ficava zanzando pela pensão, gostava de conversar com os estudantes. Mas continuava impaciente e implicante, ouvindo óperas e fumando sem parar. Como a pensão estava sempre lotada, dona Lucia alugou um apartamento do outro lado da rua, bem em frente, e se mudou com a família.

Em agosto de 1954, Glauber acompanhou pelos jornais o agravamento da crise política no Rio de Janeiro, com o atentado contra Carlos Lacerda e o assassinato do major Rubens Vaz, a mando do chefe da guarda pessoal do presidente. No dia 24, a pensão acordou com a notícia de que Getúlio Vargas tinha dado um tiro no coração. Adamastor, que não gostava de Getúlio, nem de Lacerda, discutia acaloradamente com os estudantes.

Trechos da carta-testamento começaram a ser divulgados pelo rádio, o povo chorava nas ruas. As aulas foram suspensas, mas mesmo assim Glauber foi ao Central se encontrar com os colegas para irem juntos à Praça da Sé, onde havia uma grande concentração popular.

A massa enchia a praça de choro e lamentações, diante de uma grande foto de Getúlio numa espécie de altar, cercada de flores e velas acesas. Mulheres rezavam alto, alguns faziam discursos inflamados, os ânimos estavam exaltados quando houve um início de quebra-quebra e o comércio fechou as portas. Glauber achou melhor voltar para casa e acompanhar a marcha da História pelo rádio.

Circulando em Salvador, aos 15 anos, época em que começou a gravar um programa sobre cinema na rádio da cidade

COMA
JUST

NDOS
CEIROS

Visto do alto da praça Castro Alves, o imenso navio branco entrava na barra apitando, já com suas luzes acesas no crepúsculo que avermelhava a ilha de Itaparica. Bananeira e Glauber imediatamente identificaram o *Ciudad de Toledo*, que trazia uma exposição itinerante de propaganda da Espanha franquista, como anunciavam os jornais do dia.

Algo tinha que ser feito.

No almoço, a turma decidiu que naquela noite um comando iria em um bote até o *Ciudad de Toledo*, atracado a 500 metros do cais, e picharia uma frase de protesto em seu casco imaculado. Era o mínimo, diante da presença em águas baianas de tão afrontosa representação de uma ditadura fascista e sanguinária que merecia a repulsa das consciências democráticas da Bahia e do mundo.

Comprado o galão de tinta preta e alugado o bote de um pescador, o comando iniciou sua missão protegido pelas sombras da noite sem lua. O barco deslizava lentamente na água escura e oleosa em direção à grande massa iluminada do *Ciudad de Toledo*. Misturadas aos volumes dos armazéns, as silhuetas dos guindastes tomavam formas apavorantes de gigantescos animais de ferro. No silêncio pesado ouviam-se apenas os remos tocando a água e os rangidos da madeira dos barcos. O cheiro forte da maresia se misturava ao de frutas apodrecidas em um cargueiro, o ar era úmido e pegajoso.

Um apito grave, longo e soturno encheu a noite do cais e assustou a tripulação do bote formada por Bananeira, Glauber, Anísio e, apesar de suas condições físicas precárias, Calá — o pintor oficial do grupo —, que fora embarcado sob protestos, à força.

A garrafa de cachaça passava de mão em mão, Calá propôs uma retirada estratégica, mas os outros não demonstraram qualquer intenção de desistir, embora quanto mais se remasse, mais distante parecesse o imenso navio branco. O bote avançou mais alguns metros até que foi atingido em cheio pelo facho luminoso do holofote que, da proa do *Ciudad de Toledo*, passeava pelos barcos atracados na baía escura. Ofuscados pela intensa luminosidade, os comandos se imobilizaram por alguns instantes e todos concordaram que não existiam condições objetivas para a ação, iniciando a volta ao cais.

Mas algo tinha que ser feito.

Na manhã seguinte, quem passava pela avenida Oceânica lia no muro do benemérito Hospital Espanhol: "Morte a Franco. Viva García Lorca."

A luta continuava. Dias depois, no almoço da pensão, Joca estava agitado. Abriu o *Jornal da Bahia* e, furioso, leu a manchete para a turma:

"Perón expulsa da Argentina cardeal que se nega a pedir a canonização de Evita."

Algo tinha que ser feito, todos concordaram.

Glauber queria uma ação radical, mas Bananeira fez uma proposta mais moderada e teve a sua ideia de protesto aprovada pelo grupo. Naquela mesma noite um comando iria à rua Argentina, na Cidade Baixa, e trocaria a sua placa por outra — a ser pintada por Calá — com o nome do cardeal expulso por Perón.

Pouco depois da meia-noite o grupo se reuniu no velho Mercado Modelo, deserto e assustador naquelas horas mortas. Glauber e Bananeira foram os primeiros a chegar, Calá trouxe a placa; Joca e o poeta Anísio, com uma chave de parafuso e uma garrafa de cachaça, completavam o grupo de ação. Prudentemente, considerando suas dificuldades motoras em caso de uma fuga apressada, Calá achou melhor esperar no Mercado Modelo até que terminasse a operação. A garrafa rodava de mão em mão, o poeta Anísio ria ao imaginar o espanto do povo quando visse que a rua Argentina tinha mudado de nome.

Pela Cidade Baixa escura e vazia, os comandos chegaram ao local da missão e pararam em frente ao Banco Baiano da Produção, onde estava afixada a placa. Anísio, mesmo meio trôpego, insistiu — como dono da chave de parafuso — em fazer pessoalmente a substituição, carregado nos ombros por Joca e Bananeira, enquanto Glauber vigiava.

A patrulha policial que fazia a ronda noturna saltou do carro de armas na mão.

Joca e Glauber dispararam por uma rua e Bananeira por outra enquanto os policiais apontavam as armas para o poeta Anísio, desabado na calçada.

"Eu não sou ladrão, eu sou é comunista!", gritou o poeta aterrorizado, com as mãos levantadas.

Foi recolhido à viatura e ficou no xadrez até a chegada do delegado, que apreendeu a placa, ouviu sua argumentação e o liberou:

"Você não é comunista, você está é bêbado. Vai pra casa, meu filho."

Depois de tanta atividade, sem surpresa para as famílias, quase todos ficaram para segunda época no Central, Glauber em matemática.

Tiveram que passar parte das férias estudando para fazer as provas de recuperação em fevereiro.

No Dia de Finados, Glauber varou a noite escrevendo um longo poema dedicado a Ana Marcelina, “A flor e o chumbo”, que depois leu para a turma no Bar Brasil, emocionadíssimo:

Consistem em mim
verdes maus em floração
sendo mais raivosos quão mais desbotados
posto serem de elevação
Daí flores alvas rompem
cobrindo em coroas tampas de caixão
Duro às vezes é selar o morto sem lágrimas
e penetrar na larga tumba o corpo mais pesado
pois sem alma para equilíbrio absorto
surge então o momento da flor e do chumbo
É o mito do jardim e o peso da cruz.

O poema era dividido em quatro Cantos, da Anunciação, da Aparição, do Fato e do Pecado, e da Âncora e da Cor, cada um deles dividido em partes I, II e III. Depois de 247 versos, Glauber terminou aos prantos:

Por mais dias que cresça a vida
na saliva da boca e no peito esfolado
consistem verdes mui aguerridos
abrindo as goelas do condenado.

Abraçados ao jovem poeta, todos choravam, riam e bebiam para celebrar tanto talento e tanta amizade.

Além de talentoso desenhista, Calazans Neto, o Calá, era conhecido por seu bom humor e espírito brincalhão

O MEST

E O OFÍCIO

Eu sou o samba,
a voz do morro sou eu
mesmo, sim senhor,
quero mostrar ao mundo
que tenho valor,
eu sou o rei dos terreiros.

Cantada por Zé Kéti na abertura do filme *Rio, 40 graus*, a música era um sucesso nacional. Mas o filme de Nelson Pereira dos Santos fora proibido pela Censura logo depois de lançado.

No Rio de Janeiro, o general que exercia a Chefia da Polícia reuniu a imprensa em seu gabinete e anunciou:

"O filme *Rio, 40 graus* está proibido em todo o território nacional por exibir apenas aspectos negativos da vida brasileira e por manifestar ideias comunizantes, como o incitamento à luta de classes e à degradação da família e dos valores cristãos."

"E, além do mais, nunca foi registrada no Rio de Janeiro a temperatura de quarenta graus, a máxima de que se tem notícia é de 39.9. Boa tarde a todos", e encerrou o assunto.

Foi pelo rádio que Nelson ficou sabendo que seu filme estava proibido. Jovem jornalista de São Paulo, comunista, assistente de direção de dois filmes, Nelson não sabia o que fazer primeiro: se procurar um emprego ou começar a luta pela liberação do filme.

Assim que a notícia chegou à Bahia, Walter da Silveira redigiu um manifesto e articulou um movimento de apoio ao filme em nome da liberdade de expressão. No Brasil inteiro, explorada pela oposição, a proibição de *Rio, 40 graus* se transformou em uma questão nacional às vésperas da eleição presidencial, com o candidato governista, marechal Juarez Távora, da UDN, disputando voto a voto com o candidato da coligação PTB-PSD, Juscelino Kubitschek.

Não só a esquerda, mas muitos liberais e oportunistas se engajaram na campanha pela liberação de *Rio, 40 graus*. Vários governadores de estado, mesmo situacionistas, promoviam sessões privadas do filme proibido. Fosse por solidariedade ou curiosidade, todos queriam ver *Rio, 40 graus* e o que nele haveria de tão perigoso. Até mesmo Carlos Lacerda, líder udenista e ferrenho anticomunista, manifestou-se pela liberação do filme, no qual viu mais arte do que revolução.

Em Salvador, passando do pensamento à ação, o professor Germano e os jovens do Cepa lançaram um manifesto de repúdio à proibição, divulgado nos jornais locais e até mesmo na *Tribuna da Imprensa* do Rio de Janeiro, na coluna de cinema de Ely Azeredo: "Moços baianos defendem *Rio, 40 graus.*"

Nelson foi à Bahia, a convite do governo do estado, e Walter da Silveira promoveu uma sessão pirata no Cine Liceu, onde o filme foi ovacionado pela plateia superlotada. Glauber, Telles e Bananeira gritavam vivas à arte e à liberdade, o professor Germano aplaudia sem muito entusiasmo.

Manifestos de apoio começaram a ser divulgados em todo o Brasil, crescia o clamor pela liberação, mas o governo se mantinha irredutível. *Rio, 40 graus* continuaria proibido até as eleições, excitando a imaginação dos brasileiros.

O governo perdeu as eleições, mas não liberou o filme, que permaneceu proibido até as vésperas da posse do novo presidente, quando foi finalmente liberado por um mandado judicial.

Com tanta publicidade, *Rio, 40 graus* se tornou um dos maiores sucessos do ano. *A voz do morro* foi uma das músicas mais tocadas nas rádios do Brasil. Além do grande êxito popular, o filme lançava as bases de um novo cinema brasileiro, depois da tentativa fracassada de europeização da Vera Cruz e da decadência das chanchadas da Atlântida.

Como propunha o neorrealismo italiano, o filme de Nelson colocava o povo nas telas. Pobres, negros, marginalizados, atores populares, sob a luz bruta e ofuscante dos trópicos, em favelas e trens suburbanos, histórias de luta e solidariedade, dramas e comédias do cotidiano carioca.

Apesar das "ideias comunizantes" que motivaram a proibição oficial, *Rio, 40 graus* foi distribuído pela Columbia Pictures, que não só recuperou o adiantamento pago à produção, como o multiplicou muitas vezes. Nelson estava duplamente feliz: o filme tinha conseguido ganhar uma luta pela liberdade de expressão e arrastar multidões aos cinemas. O povo se via na tela, se reconhecia naqueles personagens, naqueles cenários, vivendo suas lutas cotidianas. A ação política encontrava sua melhor expressão nessa nova estética.

Na Bahia, depois de ver *Rio, 40 graus* três vezes, Glauber decide que vai fazer cinema e elege Nelson seu mestre.

Depois de ter *Rio, 40 graus* proibido pela censura, Nelson Pereira dos Santos viu o filme se tornar um dos maiores sucessos do ano de 1955

TEATRO E ESCÂ

NDALO

Em 1956, Salvador tinha pouco mais de 500 mil habitantes, 7 mil telefones, três emissoras de rádio e dois jornais diários. O mais poderoso veículo de comunicação ainda era o boca a boca, amplificado pela natural loquacidade baiana.

Os Jograis de São Paulo eram um grupo de atores que declamavam poemas de Manuel Bandeira, Carlos Drummond de Andrade, Vinicius de Moraes, Murilo Mendes, Ascenso

Ferreira e outros grandes, alternando as vozes entre solos e coros. Eram modernos: não se apresentavam só em teatros, mas também na televisão e até em boates. Tanto sucesso os levou a gravar um disco com seus melhores números poéticos.

Em Salvador, quando ouviu o LP dos Jograis, o professor Simões, que ensinava filosofia no Colégio Central, logo pensou em seus alunos que gostavam tanto de poesia. E os convidou para ouvir o disco em sua casa. Queria estimular o grupo a fazer recitais no auditório do colégio.

O disco foi ouvido diversas vezes, vários poemas foram repetidos, alguns mais conhecidos declamados em coro. Glauber gostou, *pero no mucho*. Havia lido uma entrevista do grande ator Paulo Autran dizendo que poesia não se declamava, se dizia. E queria ir além.

Sua ideia era teatralizar os poemas, dizê-los como texto dramático, em uma ambientação cênica com luzes e figurinos próprios. Queria encenar pequenas peças em forma de poesia. Nasciam as Jogralescas.

Não sem muitas discussões, a começar pelo nome. Os Jograis eram um grupo masculino, mas como moças também participariam, qual seria o feminino? Jogralesas? Ridículo demais. Venceu o mais abrangente Jogralescas.

A Glauber, Bananeira, Joca, Anísio, Guerrinha e Jaiminho se juntaram Paulo Gil e as colegas Necy, Raquel, Ruth, Rosa e Sonia. Glauber e Bananeira dirigiriam o primeiro espetáculo, Calá criaria os cenários, tia Lucia costuraria os figurinos.

Na Sorveteria Cubana, ao lado do Elevador Lacerda, entre sorvetes de umbu, mangaba e cupuaçu, discutiram muito, selecionaram dez poemas e marcaram o primeiro ensaio.

Numa sala dos fundos da pensão, o ensaio corria animado, com o grupo unido e entusiasmado, ouvindo as ideias e instruções de Glauber e Bananeira. Já no final, Glauber achou que Paulo Gil estava arrastando a asa para Anecy, que tinha 14 anos e era linda:

"Que merda é essa? Tem que respeitar a minha irmã, porra!"

Paulo Gil tentou se defender:

"Que é isso, Glauber? Não está acontecendo nada, nós somos amigos..."

"Amigo porra nenhuma. Não tem esse negócio de amizade. Aqui ninguém vai comer a minha irmã!" E ampliou a ameaça para o resto da turma:

"Eu dou porrada."

E deu por encerrado o primeiro ensaio da Jogralesca.

No dia 8 de setembro, com metade do auditório ocupado, abriram-se as cortinas e iluminou-se a cena.

"Caso do vestido", de Carlos Drummond de Andrade, interpretado por Necy, Ruth, Rosa e Sonia, no quarto cenográfico criado por Calá, com um vestido pendurado em um cabide suspenso e luz dramática:

Nossa mãe, o que é aquele
vestido, naquele prego?

Minhas filhas, é o vestido
de uma dona que passou.

Passou quando, nossa mãe?

Era nossa conhecida?

Minhas filhas, boca presa.
Vosso pai evém chegando.

Nossa mãe, dizei depressa
que vestido é esse vestido.

E a mãe contava para as filhas a história do marido que a abandonara por outra mulher, mas que ela continuava esperando que voltasse a qualquer momento.

Aplausos entusiásticos saudaram o final do poema. Em seguida, Calá provocou gritos e gargalhadas dizendo, cheio de malandragem, os versos de Ascenso Ferreira:

Hora de comer — comer!
Hora de dormir — dormir!
Hora de vadiar — vadiar!
Hora de trabalhar?
— Pernas pro ar que ninguém é de ferro!

Ovação espetacular, gritos e gargalhadas na plateia.

Necy fez o público se levantar com a sua “Nega Fulô”, de Jorge de Lima, que interpretou com graça e emoção:

Ora, se deu que chegou
(isso já faz muito tempo)
no banguê dum meu avô
uma negra bonitinha
chamada negra Fulô.
Essa negra Fulô!
Essa negra Fulô!

Descalço, de calças brancas arregaçadas até o meio das canelas e de torso nu, Bananeira empolgou a plateia com os versos de García Lorca sobre a morte de um toureiro:

A las cinco de la tarde.
Eran las cinco en punto de la tarde.
Un niño trajo la blanca sábana, a las cinco de la tarde.
Una espuerta de cal ya prevenida, a las cinco de la tarde.
Lo demás era muerte y sólo muerte a las cinco de la tarde.

Com o sucesso da estreia, a Jogralesca começou a ficar conhecida nos papos de bar, nas conversas da porta da Livraria Civilização Brasileira, nos comentários depois da sessão dominical de Walter da Silveira no Liceu. E até mesmo no bordel Buraco Doce, frequentado por alguns membros da Jogralesca, sempre muito bem recebidos pela mulata Mara, que adorava J. G. de Araújo Jorge em particular e poesia em geral. Embevecida, ela se deixava levar pelas declamações e acabava concedendo bons descontos aos jovens poetas. Mara estava entre os que mais aplaudiam no auditório do Central.

No segundo espetáculo da Jogralesca, duas outras pensionistas do Buraco Doce se juntaram a Mara na plateia, com trajes e maquiagens que tentavam ser discretos; mesmo assim foram imediatamente reconhecidas por vários alunos — e outros tantos pais — e se tornaram o centro do zum-zum-zum e alvo dos olhares ferozes das senhoras. No final, as três choravam emocionadas e misturavam seus aplausos entusiásticos à ovação que explodiu depois do último poema, "O defunto", de Pedro Nava, interpretado com intensidade por Glauber, em um velório montado no palco, com flores, velas e um caixão de verdade, conseguido por empréstimo de uma funerária e transportado no carro de Adamastor.

Quando morto estiver meu corpo,
evitem os inúteis disfarces,
os disfarces com que os vivos,
só por piedade consigo,
procuram apagar no morto.
Não quero caixão de verniz
nem os ramalhetes distintos,
os superfinos candelabros,
e as discretas decorações.
Eu quero a morte com mau gosto!

A terceira Jogralesca entusiasmou o professor Pedro Moacir, que publicou um artigo em *A Tarde*:

Eles não tiveram mestres da Comédie Française, não tem o ambiente da cidade que é o ponto mais alto da civilização, não têm estímulo algum para coisas de inteligência e cultura, nem falam em uma língua como a francesa. E que admirável espetáculo nos deram!

O crítico de artes José Valladares, do *Diário de Notícias*, também gostou. Um espetáculo que lhe dava muitas esperanças no futuro das novas gerações. Mas achou um exagero a apresentação de 17 poesias com cenários diferentes, sem levar em conta a capacidade de atenção do espectador.

Comemorando o sucesso com cervejas e cuba-libres no Bar Brasil, Glauber anunciava aos gritos a próxima aventura:

"Agora vamos fazer 'Os Lusíadas'"! 'Os Lu-sí-a-das'!"

Além de “O defunto”, as encenações de “A morte da moça do Miramar” e “Morte na madrugada”, de Vinicius de Moraes, “O desaparecimento de Luiza Porto”, de Drummond, “O enterro de Isolina”, de Cecilia Meireles, “O destino da tenebrosa”, de Augusto Frederico Schmidt, “O pequenino morto”, de Vicente de Carvalho, e o trágico “A las cinco de la tarde”, de Lorca, mostravam que a Jogralesca tinha um fraco por temas fortes, mortes e grandes perdas, temperados com alguns poemas mais leves, como “Trem de Alagoas”, de Ascenso Ferreira, e “O futebol”, de Cassiano Ricardo, ou mais líricos, como “Infância”, de Paulo Mendes Campos, e “A cabeça decotada”, de Murilo Mendes.

Na quarta apresentação, a Jogralesca foi longe demais. Com sombria cenografia de Calá e sob luzes lúgubres, encenaram o polêmico “Blasfêmia”, de Cecilia Meireles.

Diante de uma grande imagem de Nossa Senhora iluminada, um leproso suplica piedade e pede a cura de sua doença, com versos que passavam do lamento à revolta. A plateia ouvia paralisada.

Ah, santa insensível,
não sofres, não pecas!
(...)
Devolve o ouro e a prata
das minhas ofertas!
Que o vento arrebente
portas e janelas
das tuas igrejas!
E fiquem nas trevas
ou sejam levados
pelas labaredas
altares queimados
e naves desertas!
(...)

E o poema seguia num crescendo. A plateia prendeu a respiração até o desfecho brutal:

Nunca mais andores
nem círios nem festas!
Dei-te seis igrejas:
que me deste? Lepra!

Os aplausos e gritos dos estudantes se misturavam ao silêncio indignado e aos comentários entredentes de muitos pais e professores no auditório fervilhante. Para agravar a blasfêmia, vestidos de coroinhas, dois jogralescos passavam suas sacolinhas entre a plateia, arrecadando fundos para as produções dos espetáculos, que estavam cada vez mais sofisticados. No palco, Glauber e o professor Simões mostravam um quadro-negro onde haviam escrito:

Amados irmãos,
$$$$$$$$$
Entenderam?
Então, por que ainda não gemeram?
Amém.

As senhoras católicas, os pais conservadores e vários professores não acharam nenhuma graça. O escândalo se espalhou pela cidade, ganhando versões escabrosas que cresciam de boca em boca. Até de doutrinação comunista e de estupro se falou. Entre os professores, os que mais criticavam eram os que não tinham visto.

Três dias depois, *A Tarde* publicava um editorial sobre jovens mal-orientados, com as mentes trabalhadas pelas ideias materialistas que dominam o mundo moderno, que desprezavam as tradições e iam ao ponto de escarnecer os sentimentos religiosos daqueles que se mantinham fiéis às suas crenças.

Na mesma edição, um memorial redigido pela professora Dalva Matos e assinado por muitos mestres do Central exigia do diretor Moura Bastos "uma providência edificante, que contribua para restaurar entre a mocidade o respeito devido às causas nobres e elevadas".

Ao fim de longo arrazoado, em defesa da herança moral da pátria, da Bahia e do bom nome do colégio, que não poderia ser responsabilizado pelo desrespeito de alguns poucos, perguntava:

"Aonde querem chegar os nossos jovens?"

Longe, muito longe, era o que todos queriam ardentemente. A polêmica foi o que de melhor poderia ter acontecido ao grupo. Estavam famosos em Salvador!

Imediatamente foi articulado um manifesto de escritores e intelectuais de São Paulo, com vários nomes de peso, como Lygia Fagundes Telles, Sábato Magaldi e Décio de Almeida Prado, em solidariedade aos jovens da Jogralesca, "ameaçados por pessoas e grupos obscurantistas que não representam, em hipótese nenhuma, a reconhecida e autêntica inteligência baiana, pretendem impor restrições coercitivas, censuras e obstáculos ao progresso e afirmação de tão belo e honroso empreendimento cultural".

O manifesto foi publicado n'*O Estado de S. Paulo* e repercutiu na imprensa baiana. Em longo artigo na revista *Sete Dias*, o jornalista Ariovaldo Matos aplaudia os jovens e debochava dos professores que assinaram o protesto, mas não sabiam que Cecilia Meireles era católica.

O artigo mais entusiasmado foi da *Tribuna do Estudante*, que saía semanalmente encartada no *Estado da Bahia*. "Tradição castigada nos discursos que hoje estouram na boca dos jovens cheios de ideais novos. E os meninos de 17 anos fazem coisas de gente grande como se fossem habitantes do mundo agora." Era assinado por Segrel, pseudônimo de Glauber.

Estavam consagrados!

Nas páginas seguintes, o Grupo Jogralesca em Salvador, 1956. A ideia de Glauber era teatralizar poemas em uma ambientação cênica com luzes e figurinos próprios

QU

ISE
CINEMA

Juventude transviada, com James Dean e Nathalie Wood, levava multidões aos cinemas de Salvador, o rock and roll de Elvis Presley empolgava a juventude. Adamastor ficou horrorizado quando viu a foto de Elvis colada no armário de Necy. Um débil mental fazendo música para retardados, era o que ele achava. E além de tudo imoral, com aqueles rebolados de veado. Enquanto isso, os jovens poetas revolucionários liam e discutiam o novo livro de Guimarães Rosa: *Grande sertão — veredas*. E o primeiro do crítico e poeta Mário Faustino, *O homem e sua hora*:

Não conseguiu firmar o nobre pacto
entre o cosmos sangrento e a alma pura
Gladiador defunto, mas intacto
(Tanta violência, mas tanta ternura)

Com Bananeira, Glauber fundou a Sociedade Cooperativa de Cultura Cinematográfica Yemanjá, como ponto de partida para um projeto cinematográfico de quatro episódios dirigidos por novos realizadores sobre a vida e a cultura baianas sob o título de *Bahia de Todos os Santos*. Em noite de criatividade febril, escreveram o roteiro de um dos episódios, "Senhor dos navegantes", povoado de padres, putas, pescadores, marinheiros e boêmios, lido e comemorado no Bar Brasil.

Registraram a firma em cartório e saíram colando em paredes e postes da Cidade Baixa um folheto em que se lia, sob o desenho de uma sereiazinha:

"Você acredita em cinema na Bahia? Nós acreditamos! Coopere com a Yemanjá Filmes. Colabore com o filme *Bahia de Todos os Santos*."

Mas ninguém cooperou nem colaborou. Ninguém acreditava em cinema na Bahia.

Com a exibição do épico *O manto sagrado*, de Henry Koster, a Bahia conheceu o Cinemascope no Cinema Guarany reformado, com a sala de espera adornada por um grande painel de Carybé com índios e pássaros.

Como em todas as sessões, os alto-falantes tocaram a abertura de *O guarani*, de Carlos Gomes, as luzes se apagaram e a projeção começou.

As opiniões sobre o filme foram divididas, mas todos estavam maravilhados com o Cinemascope, uma grande tela que crescia nas laterais, proporcionando uma visão muito mais ampla da cena. E com som estereofônico, que parecia andar de um lado para outro da tela.

Quando o filme terminou, Glauber notou que o baixinho Oscar, que projetava filmes educativos no Senac, e Roberto, um magrelo de óculos, filho do dono da Casa Mozart, subiram para a cabine de projeção. Acompanhou-os com os olhos, imaginando os seus motivos. Glauber não os conhecia pessoalmente, mas sabia que a dupla estava envolvida com cinema, que Roberto entendia muito de lentes, dizia-se inclusive que havia feito um curta de ficção no quintal de casa, *O calcanhar de Aquiles*, que ninguém havia visto. Para Glauber, eles eram seus concorrentes no cinema baiano e talvez estivessem mais adiantados, tinham até uma produtora, a Iglu Filmes, que ele desdenhava:

"Isso é coisa de esquimó. Iglu na Bahia?"

A produtora devia seu nome à vizinhança da famosa Frios Iglu, paradoxalmente a primeira lanchonete a vender sanduíches quentes na Bahia. Roberto começava a fazer pequenos documentários para os telejornais *Bahia na tela* e *Brasil Norte*. O trabalho estava crescendo, Oscar conseguia encomendas de filmes com seus contatos no Governo Estadual, Roberto comprava oito latas de negativo por semana, rodava seis e guardava duas para o seu futuro filme.

Glauber e seu pessoal discutiam muito sobre cinema, conheciam profundamente história e escolas, tinham planos e sequências ambiciosos, mas nenhuma experiência de filmar. Já Oscar e Roberto eram técnicos com experiência prática. Mas não entendiam nada de cinema, segundo Glauber.

O que os teria levado à cabine de projeção do Cinemascope?

Oscar e Roberto também não conheciam pessoalmente Glauber e sua turma, mas sabiam que eles eram brilhantes nas teorias, mas não entendiam nada de câmeras, lentes, iluminações e projetores. Uns fingiam que desprezavam os outros por suas qualidades complementares.

Chateado porque Glauber sumira do Cepa sem explicações, o professor Germano se queixou, ao encontrá-lo no Cine Liceu. Glauber se explicou:

"Eu não quero mais passar filmes, professor, eu quero fazer filmes!"

Roberto Pires era cinco anos mais velho do que Glauber e desde adolescente queria fazer cinema, gostava de inventar histórias. Via quatro filmes em um mesmo sábado, correndo de um cinema para outro.

A decisão de seu pai de abrir um laboratório de ótica na Casa Mozart, que vendia instrumentos cirúrgicos, o levou ao Rio de Janeiro para um estágio na American Optical. Com mestre Rangel e seu assistente Baixinho, ambos comunistas, aprendeu a fazer as lentes mais difíceis: as que as outras lojas não conseguiam fazer e mandavam para a American.

Um dia, o Baixinho foi atropelado quando distribuía panfletos políticos e Rangel foi socorrê-lo. Roberto ficou sozinho no laboratório e fez uma dificílima lente "cilindro cruzado" para um tipo especial de astigmatismo. No dia seguinte, com o Baixinho hospitalizado, Rangel quase não acreditava no que via: o garoto baiano era mesmo muito aplicado e habilidoso e virou seu assistente.

De volta à Bahia, inspirado pela projeção em Cinemascope de *O manto sagrado*, Roberto se dedicou de corpo e alma à criação de uma lente que permitisse a mesma amplitude de visão. Baseado em um artigo da *Seleções Readers Digest*, que explicava com desenhos e linguagem simples como funcionava o Cinemascope, construiu e destruiu 18 lentes até chegar a um ponto em que não poderia mais avançar sem um cristal de 71mm de espessura, impossível de encontrar no varejo da Bahia ou mesmo no Rio de Janeiro. Ficou sabendo que o material era usado em luminárias de mesas cirúrgicas, foi ao Hospital das Clínicas e encontrou no lixo uma velha luminária em pedaços, de onde tirou os cacos de cristal para fazer a sua lente. Nascia o Igluscope.

Assim como Dodô e Osmar haviam inventado a guitarra, com o nome de pau elétrico, sem saber que ela já havia sido criada nos Estados Unidos na década de 30, Roberto inventava o Igluscope, que ampliava o campo de visão do espectador como o Cinemascope, ou quase.

Com 23 anos, Roberto começou a filmar com uma câmera de corda, rolos de negativo de dois minutos e um elenco amador. Precisavam filmar sempre à noite durante a semana, já que Roberto trabalhava o dia inteiro na ótica do pai, supervisionando a fabricação de lentes.

A pedido da cunhada, amiga dos donos do jornal, Roberto foi entrevistado e fotografado para uma reportagem publicada em *A Tarde*, falando sobre "Redenção" e o Igluscope.

Dois dias depois, encontrou na rua o radialista Jota Luna.

“Você não vai responder ao Glauber?”, foi logo cobrando.

Roberto não sabia ainda, mas Glauber havia dito em *Cinema em close-up* que não era verdade que Roberto estava filmando, que ninguém estava filmando na Bahia, que era tudo cascata.

Não entendeu, nunca falara com Glauber, se lembrava da primeira vez que o vira, dois anos antes, numa reunião em que um italiano queria vender a ideia de um curso experimental de cinema em Salvador, pago pelo Estado, e um garoto havia se levantado para contestar o italiano e denunciar sua incapacidade para dar um curso de cinema. Ou de qualquer outra coisa. A plateia aplaudiu Glauber, o italiano foi escorraçado e o curso melou.

Roberto não respondeu à cobrança de Jota Luna, a resposta seria o seu filme, em breve nas telas.

No dia seguinte, Roberto caminhava pela rua Chile com Hélio Silva, o fotógrafo de *Rio, 40 graus*, que estava fazendo *Redenção*, quando encontraram Glauber. Era a confirmação da reportagem e a prova viva de que Roberto estava filmando.

Hélio conhecia Glauber e o apresentou a Roberto. O programa de rádio foi ignorado. Às gargalhadas, se lembraram da desmoralização do italiano picareta que queria vender um curso de cinema.

“Onde é a filmagem?”, Glauber estava ansioso para ver um set profissional, ou quase.

Em mais uma noite inesquecível, Glauber viu pela primeira vez refletores iluminando um cenário, o barulho da câmera rodando, um filme de verdade sendo feito. E se tornou amigo inseparável e parceiro de aventuras de Roberto.

Em seguida acompanhou as filmagens do curta *Um dia na rampa*, que Luiz Paulino rodava na rampa do Mercado Modelo, documentando o cotidiano dos trabalhadores do mar.

O fim do ano se aproximava e logo eles estariam se formando e deixando o Central, rumo ao vestibular e às faculdades.

Mas Glauber não queria fazer vestibular, queria fazer cinema.

Para Adamastor, cinema não botava comida na mesa e seria um imenso desgosto se Glauber não entrasse na faculdade, de Direito ou qualquer outra. Lucinha implorava que ele apenas fizesse o vestibular e entrasse, depois sairia quando quisesse, pelo menos para poupar o pai.

A três semanas do vestibular da Faculdade de Direito, que teria provas de português, latim, história e inglês (ou francês), Glauber foi um dos últimos a se inscrever. E começou a estudar com amigos vestibulandos, em um quarto nos fundos da pensão.

De Vitória da Conquista veio a promessa do padrinho fazendeiro: daria dois bois a Glauber se ele passasse no vestibular. Lucinha lhe prometeu uma viagem ao Rio de Janeiro e, quem sabe, algum dinheiro para, junto com a venda dos bois, comprar um carro de segunda mão.

No início de janeiro, numa noite chuvosa e calorenta, Glauber estudava na sala com Bananeira e Guerrinha, quando Lucinha entrou silenciosamente, sem ser notada. Atravessou o corredor, abriu a porta de seu quarto e, quando acendeu a luz, deu um grito:

"Glauber, meu filho! Corre! Um ladrão!"

Um negro alto e forte, ofuscado pela claridade súbita, pilhava o armário do quarto. Tinha entrado pela janela, que continuava aberta, deixando a chuva entrar. Glauber e os amigos correram e cercaram Lucinha. O ladrão, assustado, colocou a mão numa faca que levava na cintura.

Com cuidado e gestos lentos, Glauber passou o braço sobre os ombros da mãe e a tranquilizou, dizendo alto o suficiente para que o ladrão ouvisse:

"Calma, mãe, este homem não é um ladrão: ele está é com fome."

"Não estou com fome porra nenhuma! Eu sou é ladrão!", reagiu o negro, surpreso e ameaçador, apontando a faca:

"E olhe que estou armado."

"Nós não temos medo de você", disse Glauber com aparente tranquilidade, "porque logo se vê que você não é um assassino, um bandido. Você está é com fome, meu filho".

"Porra, eu não estou com fome!", o homem se irritou, "eu já disse que sou ladrão, eu segui sua mãe, sei que ela traz dinheiro para a pensão e vim aqui para roubar".

Glauber sorria. O ladrão arregalava os olhos, a faca tremia em sua mão. Lucinha chorava de cabeça baixa e orava. Todos estavam paralisados de espanto.

"Ô, meu filho", disse Glauber em tom paternal, "é claro que você não é um criminoso, você é um cara jovem, bonito, cheio de vida, as mulheres devem gostar muito de você. Vamos resolver logo isso. Venha cá".

E se encaminhou para a cozinha com Lucinha e os amigos, fazendo um sinal para que o ladrão o seguisse.

Assustado e despojado de sua condição de ladrão, recolocou a faca na cintura e seguiu Glauber, olhando para os lados, ressabiado.

Glauber abriu a geladeira e foi colocando na mesa frutas, legumes, doces, arroz, feijão, sob silêncio geral.

"Olha aí, meu filho", ofereceu com um sorriso, "está tudo resolvido: pode comer o que quiser".

Puto, o ladrão deu um soco na mesa. Roubado até de sua identidade profissional, mastigava as palavras entre os dentes:

"Porra! Eu já disse que não estou com fome. Eu já comi antes de vir aqui. Eu sou ladrão, já estive preso, fugi, fui preso de novo e fugi de novo, e minha vida é essa mesmo", abaixou o tom de voz, "mas nunca matei ninguém".

Glauber colocou a mão no ombro do negro, deu-lhe uns tapinhas e considerou o caso encerrado:

"Deixe de bobagem, meu filho. Eu sei que você já passou fome, e que às vezes ainda passa, mas aqui você está entre amigos."

O ladrão desistiu. Abaixou a cabeça e sentou-se numa cadeira, desconsolado. Glauber continuou:

"Olhe, se quiser, você come agora. Senão, pode levar para casa, para a sua família."

O negro não tocou na comida, se levantou e caminhou em direção à porta, completamente desmoralizado.

Um relâmpago cortou a noite, um clarão invadiu a sala.

Glauber o advertiu:

"É melhor você não sair agora, está chovendo muito."

Diante da porta aberta, de frente para a chuva e o vento, uma trovoada explodiu e outro relâmpago riscou o céu, recortando a silhueta do negro na escuridão. Saiu andando lentamente, como se não estivesse chovendo, e caminhou sem pressa sob o aguaceiro, até desaparecer na noite escura de Salvador.

* * *

Depois de um breve namoro com Irma, filha única do fazendeiro mais rico de Conquista — que talvez por isso mesmo não podia dar certo, Glauber temia que achassem que estava dando um golpe do baú —, encontrou a síntese de beleza e inteligência que buscava na morena Milze, de cabelos curtinhos, uma jovem intelectual de temperamento dramático e nervos à flor da pele.

Decisivo para a conquista de Milze foi o poema que Glauber lhe escreveu, em três páginas de caderno:

Você veio — metade lirismo
metade convite —
foi uma sucessão louca
de coisas que não foram
ditas, que deveriam
ser gritadas na virgindade da manhã.

Na época, só garotas muito liberais permitiam beijos, ou mesmo selinhos, no primeiro encontro. Em certos bairros mais conservadores, um roçar de lábios poderia exigir duas semanas de assédio constante. Para tocar nos seios, por fora da blusa e do sutiã, nunca menos que três meses de namoro. Tocá-los por dentro do sutiã, na pele, poderia levar uma eternidade, e provocar uma ejaculação.

Glauber e Milze se entregavam a longas discussões filosóficas, existenciais, políticas e amorosas, brigavam bastante, mas adoravam cinema e literatura e estavam sempre juntos, tudo indicava que o namoro daria em casamento. Para Lucinha, Milze era uma boa moça, muito bonita, educada e estudiosa, que lhe faria muito gosto ter como nora. Mas para Glauber ainda não era o "romance ardente e perigoso" de seu sonho adolescente.

Glauber no início dos anos 1960

O NE
DO PELO

RO
URINHO

Glauber e toda a turma passaram com facilidade no vestibular. Depois de festejar no pátio da faculdade, seguiram pelo Largo da Sé para comemorar no Bar Brasil, passaram a tarde no Buraco Doce, no Pelourinho, e de lá foram continuar a festa no Bar do Maciel. Já noite alta, partiram para a praça Castro Alves, para matar a fome com lombo, sarapatel e vatapá na barraca "Esquife do Zé".

Era quase uma da madrugada quando Glauber e o poeta Anísio, que não havia feito vestibular, mas era um dos que mais comemoravam, propuseram e os novos calouros apoiaram com entusiasmo. Partiram para o cemitério da Quinta dos Lázaros, gritando versos macabros de Baudelaire, Poe, Verlaine e Augusto dos Anjos entre os túmulos brancos e barrocos, sob a luz da lua cheia, todos bêbados.

Dias depois, no *Jornal da Bahia*, a coluna "Vida Noturna", assinada pelo veterano boêmio Gato Preto, noticiava:

> *Está se tornando um hábito entre os jovens artistas de Salvador as incursões noturnas a cemitérios para farras, orgias e bebedeiras, em estranhos cultos. Não será surpresa para este colunista se em breve aparecer alguém descendo a rua Chile de camisa roxa e preta com "Saudades" escrito em letras douradas.*

Inteligente e engraçado, simpático e debochado, o imenso Silvio se orgulhava do apelido de Moby Dick. Além de jornalista informal, era amigo e protegido de políticos importantes, boêmio radical e folião histórico. Circulava nos eventos artísticos de Salvador com sua cabeleira ruiva e suas gargalhadas estrondosas. Moby gostava de festas animadas e rapazes bonitos, mas também apreciava a companhia de jovens feiosos, mas cultos e inteligentes.

Numa dessas festas do mundo teatral baiano, cheia de aspirantes a artistas, uma boa parte gay, Moby Dick conheceu Glauber, que descia uma escada com uma capa de gabardine à Humphrey Bogart, de chapéu, com as mãos nos bolsos e um cigarro pendurado no canto da boca.

"Óxente! Parece que eu estou em Londres! Olhem só esse detetive", gritou Moby Dick batendo palmas.

Glauber gostou e sorriu. Apesar de o clima não favorecer, gostava de usar a capa porque ela sempre provocava um efeito, assim como o jaleco de vaqueiro, o chapéu de couro e as alpercatas que, às vezes, usava na rua e na Livraria Civilização Brasileira, como a fantasia de caubói da infância. E convidou Moby Dick para seguir com a turma para o Bar Brasil.

Em volta de garrafas de cerveja, a turma explodiu em palmas e gargalhadas depois que Moby Dick declamou Gregório de Matos com seu vozeirão, e de novo quando ele anunciou que no carnaval sairia fantasiado de Nero. Já tinha a túnica, as sandálias douradas e a coroa de louros. Só lhe faltava a lira para incendiar Salvador.

Na véspera do carnaval, um comando da folia formado por Glauber, Bananeira e Anísio voltou a invadir o cemitério, arrancou a lira de bronze do túmulo de Castro Alves e a entregou a Moby Dick no Bar Brasil, já vestido de Nero.

Talvez o poeta não tenha gostado da brincadeira, porque o carnaval terminou antes, e mal, para Moby Dick. No auge da folia no Bahiano de Tênis, completamente bêbado, encharcava o lenço de lança-perfume para mais uma prise, quando o vidro da lança estourou em sua mão e ele desabou no meio do salão em coma alcoólica. Mas não desgrudou da lira, nem no pronto-socorro, quando tomou uma injeção de glicose na veia para acordar. Na Quarta-feira de Cinzas a lira foi devolvida a Castro Alves.

Aos 17 anos, em Salvador

NOI
CARI

TES
OCAS

Glauber ganhou da mãe uma viagem ao Rio de Janeiro, mas preferiu ir primeiro a Belo Horizonte, para se encontrar com jovens poetas, escritores e críticos de cinema com quem se correspondia. Fez questão de percorrer todos os lugares citados no *Encontro marcado*, de Fernando Sabino, cultuado pela turma. Passou quatro dias bebendo com Frederico, Haroldo, Silviano, Ezequiel e Maurício, e mandou carta para Bananeira contando que era uma grande turma, mas a cidade estava cheia de veados, de gente séria, de mulher feia e de poetas concretistas.

Grande novidade do momento, o movimento da poesia concreta, desenvolvido pelos irmãos Haroldo e Augusto de Campos e Décio Pignatari em São Paulo, tinha seu grande palco no prestigiado Suplemento Dominical do *Jornal do Brasil*, editado pelo crítico e poeta Mário Faustino.

Em BH, Glauber adorou o *Otelo*, de Shakespeare, dirigido pelo italiano Adolfo Celi, com Paulo Autran pintado de preto e a deslumbrante Tonia Carrero. Foi cumprimentá-los no camarim e saiu com Paulo e o cenógrafo Benedito Corsi para uma bebedeira que percorreu diversos bares e terminou em Ouro Preto. No dia seguinte fez a conferência "Cinema no Norte do Brasil: duas possibilidades de desenvolvimento", aplaudidíssima pela jovem intelectualidade mineira. E partiu num DC-3 da Panair para o Rio de Janeiro.

Levava um telefone de contato com Nelson Pereira dos Santos, que Bananeira conhecera em uma viagem ao Rio, e aproveitaria para conhecer alguns jovens cineastas e críticos cariocas, com quem trocava cartas e ideias.

As surpreendentes bilheterias de *Rio, 40 graus* deram a Nelson combustível para se lançar na produção de *Rio, Zona Norte*. Com mais recursos, as filmagens seguiam em ritmo acelerado. Nelson ensaiava uma cena no auditório da Rádio Mayrink Veiga quando recebeu a visita de Glauber, magrelo, orelhudo e mal-ajambrado, que se apresentou dizendo que era amigo de Bananeira, vinha da Bahia e queria fazer cinema.

"Então, viva a Bahia!", saudou Nelson, sem parar de ler uma planilha.

Apontou uma pilha de cadeiras a Glauber e disse-lhe para colocá-las em círculo no centro do palco.

"Depois dá uma mão aos eletricistas com aqueles fios." E saiu.

A cena a ser filmada era um programa de auditório onde Ângela Maria cantava o samba roubado do compositor favelado vivido por Grande Otelo. Na plateia, entre os figurantes que aplaudiam a cantora, Glauber estreava no cinema.

Mandou cartas a todos os amigos, descrevendo Nelson como jovem, pequeno, bonito, elegante, charmoso, boca sensual, voz calma, gestos firmes, irônico, inteligente, rigoroso, desleixado, puro, popular e autêntico.

Logo ao chegar, se hospedou no Hotel Avenida, no Centro, mas depois de três dias achou as diárias muito caras e se mudou para a modestíssima Pensão São Bento, que em cartas à mãe e a Milze, para não preocupá-las, contou que era barata, mas boazinha. Para Bananeira escreveu que era infame, suja, escura, cheia de gente bruta do bas--fond, e recomendava:

"Disse a elas que a pensão prestava. Confirme se for inquirido a respeito."

De manhã cedo partiu para a agência dos Correios e redigiu um telegrama para a mãe: "Encontrei carro para comprar pt Vender os bois pt Mandar ordem de pagamento Banco Baiano da Produção urgente pt. Beijos Glauber."

Quando o dinheiro chegou, Glauber não comprou o carro, e sim uma câmera Arriflex 16mm, de segunda mão, mas em perfeito estado, com uma caixa de lentes e um tripé. À noite, foi encontrar um grupo de jovens cineclubistas, ligados ao Centro Popular de Cultura da UNE, com quem vinha mantendo intensa correspondência.

Chegou de táxi ao Alcazar, na avenida Atlântica, com uma grande caixa de couro preto. Entre tulipas de chope e pratos de pizza, foi recebido com alegria por seus novos amigos cariocas: Cacá, um alagoano caloroso, de voz grave e argumentações agudas, o doce mineiro Davizinho, filho de general, tímido e divertido, o malandro e extrovertido futebolista-galã Saraceni, conhecido como Sarra, o ruivo Leon, engenheiro judeu, racionalista e comunista, e o inflamado piauiense Miguel Borges. Todos inteligentíssimos, cultíssimos, de esquerda, e loucos por cinema.

Quando Glauber abriu a caixa preta, a mesa rugiu e aplaudiu. Como um totem, reluzindo entre chopes e pizzas, surgiu a Arriflex. Primeiro foi cultuada em êxtase reverente, depois vasculhada em suas entranhas e mecanismos, adorada em suas potencialidades. Vararam a madrugada bebendo, gritando, rindo e se abraçando, em torno daquele estranho objeto de desejo.

* * *

Glauber avisou por telegrama que voltaria de navio, e Lucinha imaginou que seria para trazer o carro. No porto, achou as caixas muito pequenas para um carro, mesmo desmontado. Mas não se espantou quando Glauber as abriu e mostrou a Arriflex, a caixa de lentes e o tripé, afinal o dinheiro era dele. Só não gostou de vê-lo de cabeça raspada.

"Parece um presidiário, meu filho."

"Não vou dar esse gosto aos veteranos", explicou Glauber, se antecipando ao inevitável trote dos calouros na Faculdade de Direito.

"A geração de James Dean já está morrendo, vem aí a geração Yul Brynner, de cabeça raspada. Meus caros acadêmicos de Direito, tirem as boinas porque jovens carecas estão na moda. Aportarei aí pelado", já havia informado em carta a Bananeira.

As aulas da faculdade começavam na segunda-feira.

Com sua primeira filmadora, uma Arriflex, comprada no Rio de Janeiro

O DIR

E O

EITO
AVESSO

Com o reitor Edgar Santos, a Universidade da Bahia conseguiu um orçamento comparável ao da Prefeitura de Salvador e se transformou em um moderno centro irradiador de arte e cultura, que os mais entusiasmados chamavam de "Renascença Baiana".

Liberal e visionário, com grande prestígio político e cultural, o reitor conseguiu uma verba milionária da Fundação Rockefeller e trouxe grandes professores da Europa, como o alemão Koellreutter, para os Seminários Livres de Música, a coreógrafa polonesa Yanka Rudzka, para a Escola de Dança, e o pernambucano de formação europeia Martim Gonçalves, para dirigir a Escola de Teatro. Construiu o imenso e belíssimo Teatro Castro Alves, no Campo Grande, que não só ofereceria grandes espetáculos em seu palco, como abrigaria em suas amplas salas de estudos e ensaios todas as novas escolas de arte. E melhor, as escolas seriam integradas, os alunos de um curso também poderiam frequentar todos os outros.

Na faculdade, a prioridade de Glauber não foi o estudo do Direito nem a eleição para o Centro Acadêmico Ruy Barbosa, em que a esquerda e a direita se digladiavam, mas a garantia de seu lugar na prestigiada revista *Ângulos*, editada pelo diretório e bancada pela faculdade. Seu plano era tornar-se o editor-chefe.

De altíssimo nível, a revista dava tanto prestígio que, às vezes, a esquerda preferia até perder a eleição para a presidência do diretório, mas ganhar a secretaria de Cultura, que editava a *Ângulos*, para a qual colaboravam professores progressistas, veteranos ilustrados e calouros promissores como Glauber.

Em março, Glauber comemorou 18 anos com uma noitada no Tabaris, um cabaré onde belas gaúchas, cariocas, paulistas e argentinas, e até algumas baianas, dançavam no fabuloso balé de Evandro Castro Lima. A caminho do cabaré, passaram pelo Bar Brasil, onde celebraram a vida e a arte, entre brindes e comprimidos de Pervitin e Dexamil, anfetaminas usadas com frequência pelos jovens baianos para virar noites estudando. Ou se divertindo.

O caminho até "as melhores mulheres da Bahia" foi longo e ruidoso e terminou na porta do Tabaris, onde um imenso negão, com autoridade incontestável, informava que ali só se entrava de paletó e gravata. Só Bananeira, que estava elegantíssimo em seu "passeio completo", poderia entrar.

Indignado e solidário, Bananeira arrancou teatralmente a gravata, desabotoou a camisa e tirou o paletó. Abraçado aos amigos, apelou, em nome da alegria e da fraternidade, para que todos entrassem, só para dar uma olhada e conhecer a casa, o colega estava comemorando 18 anos.

Ninguém entrava. O regulamento era claro.

Glauber se adiantou e pediu, cheio de simpatia, que o porteiro lhe concedesse um minuto em particular. Chamou-o de lado e começou a falar baixo, em tom conspiratório, obrigando o negão a abaixar a cabeça para ouvi-lo:

"Olha aqui, meu filho, nós estamos vendo que você é um cara legal, uma pessoa como a gente, um cara inteligente e vai entender que essa história de regulamento é muito relativa, depende de interpretação, então você pode botar uma gravata num jegue que ele entra?"

O negão não entendeu, não achou graça e parecia irritado. Antes que esboçasse qualquer reação, um funcionário saiu da boate e lhe disse que o chamavam no escritório.

Assim que os dois entraram e a porta se fechou, Glauber avançou sobre um cartaz num cavalete, cheio de fotos de mulheres lindas de biquínis de lantejoulas e, cinematograficamente, o despedaçou. Anísio derrubou o outro cartaz e o pisoteou. A euforia predatória acabou quando a porta se abriu e o porteiro reapareceu, acompanhado de um mulato alto, que sacou do bolso uma carteira da Secretaria de Segurança Pública e deu voz de prisão a todos.

Delegacia de Polícia, bairro da Piedade, alta madrugada:

O investigador registrava a ocorrência. "De-pre-da-ção do pa-tri--mô-ni-o a-lhei-o", o escrivão soletrava datilograficamente. Frustrados e macambúzios, os rapazes se espalhavam pelos bancos de madeira escura.

O investigador encerrou o relatório dos fatos e os motivos da detenção em flagrante dos desordeiros bêbados, acusados de vandalismo, perturbação da ordem e desacato à autoridade.

"Seu nome", o escrivão apontou para Glauber.

"Julian Duvivier", respondeu firme. Repetiu soletrando: "Ju-li-ã Du-vi-vi-ê."

O escrivão datilografou. Perguntou o nome de Anísio, que respondeu altivamente: "Charles Bodelér, Bodelér, bê-ó-dê-ê-lê-é-rê."

"E o seu?", perguntou a Bananeira.

"Antonio Feliciano de Castilho."

E Joca:

"Carlos Drummond de Andrade."

"Mario de Andrade", respondeu Paulo Gil.

"São parentes?", perguntou o escrivão sonolento, balançando o dedo em direção aos dois.

"Salvador Dalí", apresentou-se Orlando, levantando do banco.

"Quem é Salvador Dalí?", perguntou o delegado, entrando na sala. Olhou os rapazes, um a um. Fixou o olhar no investigador, que abaixou a cabeça, e depois no escrivão, que já estava de cabeça baixa e assim ficou. Se colocou atrás da cadeira do escrivão e, em silêncio, leu a folha datilografada. Nas últimas linhas sorriu ao ler os nomes dos indiciados e ao final explodiu em inesperada gargalhada.

Sempre rindo, indicou com um gesto largo a saída para o pessoal da Jogralesca e ainda ria quando eles saíram pela rua deserta, abraçados e cantando o "Hino ao Dois de Julho":

Nasce o sol ao 2 de julho,
brilha mais, brilha mais que no primeiro,
parece, parece que neste dia,
até o sol, até o sol é brasileiro.

Glauber, Bananeira, Joca, Anísio, Paulo Gil e Calá consumiam noites no Bar Brasil e no Mercado Sete Portas discutindo o projeto de criação de uma revista cultural. Se chamaria *Mapa*. O nome era inspirado em um poema modernista de Murilo Mendes que todos amavam e que falava no "desespero de não poder estar presente a todos os atos da vida" e queria "inaugurar no mundo o estado de bagunça transcendente".

Patrocinado pela Associação Baiana de Estudantes Secundários, o primeiro número saiu em julho de 1957, com quarenta páginas, editado por Bananeira e com ilustrações e diagramação de Calá.

O poeta Carvalho Filho, da geração modernista baiana dos anos 20, apresentava a turma no seu estilo:

"Esses moços não desejam navegar no mar de fezes que nos assoberba (...) Sonham então com uma ilha. Nela se instalam e, por calor humano, se irmanam (...) Esperam que os deixem sentir, pensar e criar à luz do amadurecimento crescente da voz que já começou a cantar no fundo do ser ...”

A revista apresentava poemas, crônicas, contos e ensaios de Paulo Gil, Anísio, Joca, Bananeira e outros jovens talentos convidados, mas o melhor da edição era um longo ensaio de Glauber sobre cinema: “O western — uma introdução ao estudo do gênero e do herói”.

“O chapéu é de abas largas, o revólver de balas intermináveis é sacado com a velocidade do raio, o cavalo é preto ou branco e fiel até o último perigo, os punhos são fortes e ágeis. A estrela no peito é o símbolo do bem. O cavalo vem trazendo o homem até o primeiro plano e o mito cresce e se realiza.”

E desenvolve um estudo detalhado dos elementos arquetípicos do western, os heróis, os bandidos, os índios, as diligências, o saloon, os caixeiros-viajantes, as putas do hotel, as crianças que admiram o herói, a emboscada, o duelo. Até a vitória final do bem, na aurora de uma ruazinha deserta, depois de alguns segundos de suspense após a troca de tiros entre o mocinho e o bandido.

“Quando o homem mau dobra o corpo e cai, um sorriso de libertação dos homens e das crianças. O herói está indiferente. Tira a estrela do peito, monta no cavalo preto ou branco, deixa a mulher que ama e some no fim da pradaria.”

Mais do que um ensaio ou um estudo, era um roteiro que costurava todos os clichês e arquétipos do western em uma narrativa cheia de aventuras e reviravoltas, que contava todas as histórias do gênero em uma só, como uma síntese de enredos e personagens que faziam do western o gênero cinematográfico por excelência, e que atingia em cheio as massas.

Paulo Gil, Glauber e Joca na redação do jornal *A Tarde*, na Bahia, em 1958

A GLA

MOUR
GIRL

Partiram em ruidosa comitiva para a rua do Cabeça, para comemorar o lançamento da revista na nova boate Anjo Azul, que estava virando ponto de encontro de artistas, intelectuais, velhos boêmios e a juventude dourada de Salvador. Móveis coloniais de autenticidade duvidosa e um drinque de receita secreta, à base de gengibre, o "xixi de anjo", faziam a fama da casa. Nas paredes, telas de Carlos

Bastos e tapeçarias de Genaro de Carvalho, que também podiam ser vistos em pessoa nas mesas, onde o "xixi" era bebido em copinhos de barro, às talagadas, e em pouco tempo provocava incontrolável euforia em quem o tomava desavisadamente. Glauber já havia bebido muito e foi para casa.

Os olhos turvos de Paulo Gil não se desgrudavam daquela garota tão bonita que não saía da pista, dançando com tanta graça e alegria os mambos e chá-chá-chás de Perez Prado, sucessos da orquestra de Ray Conniff, baladas de Frank Sinatra de rosto colado com o felizardo namorado, filho de um senador. Ou talvez fosse apenas um flerte. Helena Ignez era linda. De cabelos lisos e curtos, franja desfiada sobre a testa, olhos escuros e vivos, nariz arrebitado e boca atrevida. Pequena, roliça e graciosa, era uma gostosura de broto. Tinha 16 anos, mas se vestia e se maquiava como se tivesse mais de 20.

Filha de um gerente de banco, era presença frequente e marcante nas festas do jovem society local, dos filhos dos políticos, banqueiros, fazendeiros e usineiros, no Yatch Club ou no Bahiano de Tênis. Nas colunas sociais era sempre elogiada por sua beleza, simpatia e alegria. Naquela noite, no Anjo Azul, Helena comemorava com amigos a sua indicação para concorrer — vitória praticamente certa — ao título de "Glamour Girl", quando foi abordada por Paulo Gil ao sair da pista de dança e se encaminhar para a mesa. O poeta teve que repetir a apresentação "sou Paulo Gil da Jogralesca". "De onde?", Helena não entendeu. No meio da música e do vozerio, o poeta falou mais uma vez, mais alto: "Jo-gra-les-ca."

"Desculpe, não conheço. Com licença." E seguiu em frente.

Mais discreto e menos alcoolizado, Ubaldo, que já havia sido apresentado a Helena por amigos em comum, ajeitou os óculos, caprichou na voz de barítono e cumprimentou-a, elogiando seu vestido, seus cabelos e o seu ritmo vibrante quando dançava. Helena disse que ia dançar menos e estudar mais porque faria o vestibular de Direito. Ubaldo também. Quem sabe poderiam estudar juntos? Com um ar modesto e casual, Ubaldo se disse um ótimo estudante, sempre entre os primeiros da classe. Só não disse que o seu desempenho era movido pelo temor à fúria de seu rigorosíssimo pai. Teria imenso prazer em estudar com ela. Quem sabe? Ela se despediu simpática e voltou para a pista.

Helena era desejada, invejada e, naturalmente, malfalada por garotas feiosas e desajeitadas, por mulheres mais velhas e desprezadas, por legiões de rapazes que a cortejavam em vão. Despeitadas que não eram convidadas para nada a acusavam de ser "programista", como eram chamadas as garotas que gostavam de dançar na boate do Hotel da Bahia ou no Anjo Azul, passear de barco pela baía, ou rodar de carro pela orla — os programas favoritos da juventude dourada de Salvador. Outros diziam que era uma cabeça oca atrás de um bom casamento, uma "garota coca-cola". Helena fumava e usava biquíni, e, com sua beleza e liberdade, provocava a Salvador provinciana e maledicente. Diziam até que não era mais virgem.

O Glamour Girl era um concurso para moças da sociedade, sem desfile de maiô, que valorizava mais o charme e a elegância do que a beleza do corpo. A eleição de Helena Ignez foi triunfal, deixando em segundo lugar Ana Maria, uma bela morena de Feira de Santana. A foto de Helena saiu até nas colunas de Jacinto de Thormes e Ibrahim Sued, no Rio de Janeiro.

"Agora quero fazer vestibular para Direito e para a Escola de Teatro", dizia a nova Glamour Girl depois da vitória, em entrevista ao *Diário de Notícias*.

"Você pretende se candidatar a Miss Bahia?", pergunta o repórter.

"É claro que o Glamour Girl é sempre um trampolim para o Miss Bahia, são muitos os exemplos. Mas no momento não estou pensando nisso. No futuro, talvez, depois do vestibular. Dos vestibulares, no meu caso."

Ubaldo teve o privilégio de estudar algumas vezes com Helena. Barbado e de óculos com lentes grossas, com sua voz grave e os modos educados que seu pai severo lhe ensinara, parecia um velho professor de 17 anos. Só Deus sabe como lhe foi penoso se concentrar nas declinações latinas e nas orações de acusativo com infinitivo, tão próximo de tanta graça e beleza.

Helena Ignez, que fumava e usava biquíni, provocava a Salvador provinciana e maledicente — praia da Pituba, 1959

CORA

ÇÃO NORDESTINO

Depois das provas parciais de junho, quando tirou quatro zeros, Glauber teve certeza de que o Direito não era o seu mundo e começou a pensar em fazer vestibular para Filosofia. Mas o que queria mesmo era uma bolsa para estudar cinema no IDHEC (Institute des Hautes Études Cinematographiques), em Paris. Além da *Ângulos* e da *Mapa*, e do *Cinema em close-up* no rádio, Glauber escrevia artigos para as revistas

O Momento e *Sete Dias*, e assinava uma coluna sobre cinema no *Diário de Notícias*. Com tanta atividade, não foi surpresa a sua reprovação, por faltas, no final do ano.

Sob o escaldante sol de verão, no início de janeiro de 1958, Glauber e Joca partiram para uma viagem de estudos e reconhecimento da realidade nordestina. Passariam por Alagoas e Pernambuco, pelos cenários de José Lins do Rego e Graciliano Ramos, e chegariam a Caruaru, para conhecer a maior feira do Nordeste e a celebrada obra de cerâmica de Mestre Vitalino.

Com pouco dinheiro e muita animação, saíram às sete da manhã em um pequeno ônibus empoeirado rumo a Sergipe. Lotado. A estrada era péssima e o calor, insuportável. E pior: Joca percebeu que o motorista era cego de um olho. Glauber achou até engraçado e não deu importância, só pensava em seu mergulho na nordestinidade profunda.

Os temores de Joca eram infundados, o ceguinho dirigia com segurança e desenvoltura. Começaram um papo animado com dois vendedores gaúchos do banco da frente, se divertindo com sotaques tão diferentes e trocando expressões regionais engraçadas.

De repente, uma freada brusca, o ônibus guinchando pneus e dando uma guinada para a direita. Do outro lado da ponte, que só dava passagem para um veículo, um caminhão se desabalava pela rampa. O choque seria inevitável. Por habilidade ou sorte, o desastre foi evitado pela manobra do ceguinho, que jogou o veículo para fora da pista e tombou na ribanceira, com os passageiros gritando e caindo uns sobre os outros e as malas voando pelas janelas.

Com os vidros estilhaçados e os assentos arrancados com o choque, vários ficaram feridos, alguns com fraturas. Joca sofreu um corte fundo na perna, sangrando muito, e teria que levar pontos no hospital, na vizinha Catu. Glauber saiu ileso.

Joca queria desistir, tinha medo de pegar tétano, aquele acidente fora um mau presságio. Mas depois de um dia de descanso e sob pressão máxima de Glauber, Joca concordou em reiniciar a viagem. Partiram para Aracaju, aonde chegaram sem maiores atropelos, e de lá para Alagoas.

Em Maceió embarcaram rumo a Recife, no "Trem das Alagoas", que inspirara o famoso poema de Ascenso Ferreira, adorado pela turma e um dos sucessos das Jogralescas.

O sino bate,
o condutor apita o apito,
solta o trem um grito
põe-se logo a caminhar...

— Vou danado pra Catende,
vou danado pra Catende,
vou danado pra Catende
com vontade de chegar...

Mergulham mocambos
nos mangues molhados,
moleques mulatos,
vêm vê-lo passar.

Depois de duas horas de viagem, cortando a paisagem monocórdia dos canaviais sob sol escaldante, entorpecidos de calor, vários passageiros dormiam no vagão abafado. Um deles, o que roncava mais alto, era um homenzarrão de quase 2 metros de altura, de terno branco, com um chapelão de abas largas cobrindo o rosto e as pernas estendidas no corredor do vagão.

Para surpresa e júbilo de Glauber e Joca, era Ascenso Ferreira em pessoa. Bendito acidente que os atrasou e os permitiu encontrar o poeta no mesmo vagão de trem, naquele momento mágico.

Logo o bardo acordava e recebia com muita simpatia as apresentações e os elogios dos jovens poetas baianos. Glauber e Joca lhe deram uma revista *Mapa* nº 2 e foram convidados para o recital que Ascenso faria no dia seguinte, no Recife. E sem se fazer de rogado, atendendo a pedidos, declamou com seu vozeirão de baixo profundo e seu sotaque carregado alguns de seus clássicos, como "Cana caiana" e, em homenagem aos ex-companheiros de viagem e de acidente, "O gaúcho":

Riscando os cavalos!
Tinindo as esporas!

Través das coxilhas!
Sai de seus pagos em louca arrancada!
— Para quê?
— Pra nada!

O vagão explode em gargalhadas e aplausos, o trem corta morros, vales e planícies, Glauber e Joca ouvem Ascenso deleitados. Para quem pretendia um mergulho na nordestinidade profunda não poderia haver melhor iniciação.

Em Recife, Ascenso guiou-os pelos bairros históricos e feiras populares, explicando os hábitos e costumes dos pernambucanos, e os apresentou a incontáveis amigos artistas e intelectuais, entre eles os poetas Mauro Mota e Carlos Pena Filho, o artista plástico Aloísio Magalhães e o jovem escritor e ensaísta Jommard Muniz de Brito, que se tornaria um colaborador da *Mapa* e uma espécie de embaixador da turma em Pernambuco.

Partiram de ônibus para Caruaru, onde passaram horas caminhando pela gigantesca feira e Glauber se encantou com o mundo maravilhoso de Mestre Vitalino, o maior artista popular do Nordeste. Eram grupos de bonecos de retirantes, beatos, cangaceiros, padres, dentistas, lavradores, jegues, cenas de casamentos, batizados, funerais, festas juninas, consultórios médicos: o Nordeste sofrido, místico e festeiro em estatuetas de barro coloridas com exuberância.

Caruaru era o grande palco dos desafios de cantadores, repentistas e violeiros, onde se vendiam os livrinhos dos melhores cordelistas, os novos lançamentos, os clássicos sobre Lampião e Maria Bonita. Era lá que a cultura popular nordestina, imune às influências externas, se expressava em toda a sua autenticidade e vigor.

Na volta, se desviaram da rota e enfrentaram estradas menores e poeirentas, só para atravessar o rio São Francisco em Penedo, apertados e apavorados, em barquinhos abarrotados, desafiando a força das águas barrentas. À noite, sentados à beira do Velho Chico, sob o céu negro cravejado de estrelas, procuravam com os olhos o satélite artificial Sputnik que os russos haviam lançado, dando início à era espacial.

Depois do acidente que o feriu na perna, Joca abraça Glauber na viagem de estudos que fizeram pelo interior do Nordeste

A BEL

A FERA E A PAIXÃO

O calouro Ubaldo e o repetente Glauber, já promovido a redator da *Ângulos*, passaram a formar uma dupla constante na faculdade, mais nos pátios e no Centro Acadêmico Ruy Barbosa do que nas salas de aula. Chamados pelos invejosos de “A Besta e a Fera”, andavam barbados e desgrenhados, cada um mais esmolambado do que o outro, cultivando o estilo displicente que, segundo eles, agradava mais às garotas do que os rapazes muito arrumadinhos, principalmente depois do sucesso de James Dean em *Juventude transviada*.

Glauber gostava de fazer o tipo "macaco zangado", meio encolhido pelos cantos das festas, esperando que uma moça sensível viesse lhe perguntar o que ele tinha. Logo vinha alguma, era infalível. Ubaldo preferia investir no jeito de falar de Marlon Brando, de quem era fã ardoroso, meio resmungando e meio miando, entre longas pausas. Em inglês, funcionava muito bem, mas em português e com sotaque baiano, os resultados eram discutíveis.

Helena passou nos vestibulares para a Faculdade de Direito e para a Escola de Teatro e pretendia fazer um curso de manhã e outro à noite. No dia 14 de março de 1958, aniversário de Castro Alves, Helena assistia a um concurso de declamação no auditório da universidade e continha o riso diante de uma candente interpretação do "Navio negreiro", de Castro Alves, pelo quintanista Agripino, conhecido como o declamador "oficial" do poeta em todas as solenidades da faculdade. Um canastrão grandiloquente com voz de barítono, que se jactava de receber diretamente do espírito do poeta os versos que dizia, como um cavalo de Castro Alves.

Presa nos elos de uma só cadeia,
A multidão faminta cambaleia,
E chora e dança ali!
Um de raiva delira, outro enlouquece,
Outro, que martírios embrutece,
Cantando, geme e ri!

No entanto o capitão manda a manobra,
E após fitando o céu que se desdobra,
Tão puro sobre o mar,
Diz do fumo entre os densos nevoeiros:
"Vibrai rijo o chicote, marinheiros!
Fazei-os mais dançar!..."

Glauber integrava a comissão julgadora do concurso e, como nascera no mesmo dia do poeta, se considerava a sua legítima reencarnação.

Além da profanação da obra de Castro Alves, viu em Agripino a encarnação de tudo que a Jogralesca odiava e havia combatido e vencido.

Mal terminou, ofegante de tanta emoção, o declamador se surpreendeu ao ver Glauber, com sua capa de Humphrey Bogart, subir no palco e protestar com veemência e sarcasmo. Não permitiria que Castro Alves fosse ridicularizado, seus versos ditos daquela maneira ultrajavam a sua memória, era um assassinato poético. E imitou as entonações melodramáticas e afrescalhadas e os gestos exagerados do declamador enquanto a estudantada gritava, vaiava e aplaudia. Agripino saiu com o rabo entre as pernas e Glauber foi ovacionado. E fazendo das palavras ação, mostrou como se dizia um poema de Castro Alves. Escolheu um romântico e passional inspirado por sua musa, a atriz Eugénia Câmara, saboreando as palavras:

No camarote gélida e quieta
Por que imóvel assim cravas a vista?
És o sonho de neve de um poeta?
És a estátua de pedra de um artista?
(...)
Feliz quem possa na ansiedade louca
Esta bela mulher prender nos braços...
Beber o mel da rosa desta boca,
Beijar-lhe os pés... quando beijar-lhe os passos!

Do palco, viu Helena rindo e aplaudindo, e sorriu de volta. Por incrível que pareça, Helena e Glauber eram vizinhos na rua General Labatut, ela morava no 5 e ele no 14, mas estavam se vendo pela primeira vez.

No Baile dos Calouros, Helena estava linda e esfuziante, com um atrevido tomara que caia, sem sutiã, algo inconcebível para os padrões da época, e dava um show na pista, dançando samba com o elegante negro Edvaldo, alto funcionário da Prefeitura. Com Milze em visita a Feira de Santana, Glauber esgueirava-se pelos cantos como um macaco zangado de paletó e gravata, alheio à pista de dança.

Ubaldo, animado por alguns cuba-libres e pela visão deslumbrante de Helena rindo e dançando, com a razoável intimidade conquistada nas tardes de estudos, decidiu que era um momento auspicioso para declarar a paixão que o consumia.

Chegou-se a ela, caprichou no seu melhor estilo Brando e, como quem não quer nada, querendo tudo, insinuou que gostaria de ser seu escravo. Acostumada a cantadas, declarações e paixonites, e a bêbados, Helena logo percebeu que Ubaldo era mais um que sucumbira aos seus encantos. Gostava dele, mas como amigo. Fez uma expressão maliciosa e um ar de cumplicidade, e cochichou no seu ouvido: estava interessada em uma outra pessoa. De coração partido, Ubaldo não ousou perguntar o nome, temendo que fosse Glauber.

Era.

Derrotado, mas sem ressentimentos, Ubaldo o avisou de que Helena estava a fim dele e o estimulou em voz baixa e maliciosa: "Pode até sair beijo na primeira noite."

Pouco depois, os dois dançavam abraçados na pista, de rosto colado. E não se desgrudaram até o fim da festa. Sim, houve beijo na primeira noite, muitos, e mais até.

Com a volta de Milze a Salvador, formou-se o triângulo dos sonhos e pesadelos de Glauber. Insone e febril, chamou Ubaldo para uma longa caminhada em volta do Convento da Lapa, buscando saídas para seu drama, que não era só amoroso, mas político e existencial, envolvendo suas dificuldades de escolha, seu impulso revolucionário, suas necessidades poéticas.

Milze era densa, séria e confiável, Helena, leve, livre e imprevisível; entre uma e outra, Glauber queria ficar com as duas: eram complementares.

Ubaldo respondia com resmungos e longas pausas, mastigando as palavras e olhando Glauber de viés.

"Porra! Eu aqui vivendo um drama terrível e você fazendo Actor's Studio!", estourou Glauber, "já que não posso ficar com as duas, você acha que eu devo ficar com Milze ou com Helena?".

Independentemente da opinião de Ubaldo, escolheu Helena. E enfrentou um rompimento dramático com Milze, para desgosto de dona Lucia e surpresa da turma.

NAB
DO

OCA
POVO

No início de junho, a Bahia explodiu. O Brasil ganhava a Copa na Suécia, assombrando o mundo com Garrincha e Pelé. Era a redenção da derrota humilhante que os uruguaios nos impuseram no Maracanã, em 1950. O brasileiro perdia o complexo de vira-lata, proclamava Nelson Rodrigues. O presidente JK não era só um pé de valsa que rodopiava pelos salões, mas também um pé-quente. A construção de Brasília seguia em ritmo acelerado. Novas estradas cortavam o país, carros brasileiros rodavam pelas cidades, o país crescia e se desenvolvia. E começava a acreditar em si mesmo, num ambiente de liberdade e democracia fértil para as inovações artísticas e a vida cultural.

A visita do cineasta francês Marcel Camus a Salvador, em busca de locações para *Orfeu negro*, baseado no musical de Tom Jobim e Vinicius de Moraes, provocou a ira nacionalista de Glauber no jornal:

"Deus nos livre dos estrangeiros. Até hoje, noventa por cento do nosso cinema foi abaixo por causa de uns italianos que chegaram aqui e foram bajulados pelo esnobismo capitalista de São Paulo."

Filmado em uma favela carioca e estrelado pela linda mulata americana Marpessa Down no papel de Eurídice e o jogador de futebol Breno Melo como Orfeu, o filme de Camus acabou ganhando a Palma de Ouro em Cannes, lançando a bossa nova para o mundo e enfurecendo o crítico Jean-Luc Godard nas páginas do *Cahiers du Cinéma*.

Em *O Brasil visto de Billancourt* (o bairro parisiense onde se concentravam os grandes estúdios de cinema), Godard desancava a insensibilidade poética de Camus e seus cartões-postais do Rio de Janeiro.

"Por que, em vez de um condutor de bonde, já visto em todas as fantasias encomendadas pela Metro, não fazer de Orfeu um chofer de lotação, aqueles poéticos ônibus em miniatura que voam do estádio do Maracanã até Copacabana?"

Terror do trânsito carioca, os lotações de Godard eram micro-ônibus que não respeitavam sinais nem limites de velocidade, costurando entre os carros e mantendo seus passageiros em permanente suspense. Seus motoristas só se equiparavam em audácia aos de ambulâncias e trabalhavam com as calças arregaçadas até o joelho para enfrentar o calor e uma flanela enrolada no pescoço para deter o suor.

Por nacionalismo exacerbado ou pura paixão pela polêmica, Glauber abriu uma campanha feroz contra Martim Gonçalves no mural da Faculdade de Direito, acusando-o de ser um nordestino traidor de suas origens, porque era pernambucano, mas estudara no Ruskin College, de Oxford, e estagiara no Old Vic, em Londres. E pior, ia todos os anos à Europa e vestia-se como um inglês, com muita elegância, sempre perfumado. Glauber o acusava de ser pago pela Fundação Rockefeller para introduzir elementos alienígenas na cultura baiana. Martim o ignorou.

Em julho, o Teatro Castro Alves estava quase pronto, uma grande massa de concreto e vidro recebia os últimos detalhes de acabamento. Cinco dias antes da inauguração, o teatro pegou fogo, por causas não esclarecidas.

Glauber apoiou a reconstrução, mas saiu atirando:

"Apoiamos a reconstrução do Castro Alves, mas não a comissão de cultura artística que o dirige. E agora, se o teatro é do povo, como a política anuncia, que o primeiro espetáculo seja para o povo e não para a burrice de casaca."

Nos domingos de manhã, Glauber e Helena não iam à praia, mas às sessões de Walter da Silveira no Liceu, para ver Buñuel, John Ford, René Clair e outros mestres, e depois ficavam horas discutindo o filme. Glauber não sabia nadar e não gostava de ficar torrando ao sol, preferia caminhar e conversar à sombra. Se chamavam de Binho e de Binha e, durante a semana, circulavam e namoravam por toda a cidade, nas pedras de Itapoã, no Porto da Barra, na praia deserta da Pituba. Ao som romântico de Ray Conniff e Frank Sinatra, rodavam pelas pistas de dança, ela cheia de graça e leveza, e ele com um estilo meio desengonçado, mas de muito ritmo e animação, orgulhoso guardião da beleza de sua amada.

O namoro estava na boca do povo e provocava polêmicas em Salvador. Amigos de Glauber viam com desconfiança a entrada de uma "garota coca-cola" e "programista" entre jovens artistas e intelectuais revolucionários. Amigos de Helena, filhos de fazendeiros, usineiros, políticos e banqueiros, não entendiam a insensatez do seu envolvimento com um cara sem trabalho e mal-ajambrado, um vagabundo metido a intelectual.

Contrariando a vontade de Glauber, mas com amplo apoio dos estudantes, funcionários e professores, Helena foi lançada candidata a

Miss Bahia pela Faculdade de Direito. Glauber teve que aceitar, mas não permitiria que, caso vencesse o concurso, Helena fosse ao Rio de Janeiro disputar o Miss Brasil; se separaria dela. Deixou a ameaça para depois da eleição e se dedicou de corpo e alma à campanha na faculdade, nos jornais e nos bares. Chegou a pedir a Jorge Amado uma carta de apoio a Helena.

Na grande noite, com o salão do Hotel da Bahia lotado, Glauber, de paletó e gravata, continuava cabalando votos e aplausos para Helena, incentivando a barulhenta torcida da Faculdade de Direito.

No desfile de maiô, Helena eletrizou o público com seu corpo pequeno e bem-torneado, seus quadris generosos e suas pernas roliças e levemente arqueadas. E mais ainda pelo jeito que desfilou: não como faria uma modelo ou uma miss, mas rebolando como uma garota alegre que adorava dançar.

Deslumbrante no vestido de baile de ombros nus, Helena entrou na passarela aos gritos de "já ganhou". Caminhava balançando os quadris e os cabelos curtos e lisos, sorrindo com uma mistura de inocência e malícia. Ovacionada, quando passou em frente ao júri, fez uma careta engraçada e mostrou a língua, Glauber e a torcida deliraram.

De vestido longo, ela desfilara como Elizabeth Taylor em *Um lugar ao sol*; de maiô Catalina, como Violeta Ferraz na chanchada *O petróleo é nosso*. Sob vaias e protestos, Helena ficou em segundo lugar. A eleita foi a morena Ana Maria, a mesma que ela havia derrotado no Glamour Girl.

Glauber espalhou que o pai da nova Miss Bahia, um rico fazendeiro do interior, havia comprado vários membros do júri com cabeças de gado. Tinha testemunhas e provas da escandalosa corrupção.

Glauber e Helena Ignez durante as filmagens de *Pátio*

AM
E REVO

OR
LUÇÃO

Dois artistas baianos sacudiram o país em 1958: Jorge Amado, com *Gabriela, cravo e canela*, o maior sucesso literário do ano, que fez dele o escritor mais popular do Brasil, levando-o muito além da literatura regionalista. E João Gilberto, com o lançamento de *Chega de saudade*, criando a bossa nova, um novo jeito de cantar e de tocar violão. Não sem muita polêmica, porque era adorado pelos modernos — como

Necy, Helena e Glauber — e acusado de afeminado, desafinado e desentoado pelos mais antigos. Como Adamastor e seus amigos.

Na esteira da popularidade ganha no Miss Bahia, Helena foi convidada pelo *Diário de Notícias* para escrever uma coluna social diária, sob o pseudônimo de Krista, e editar uma página feminina semanal. A coluna logo se tornou popular entre a juventude, e Krista tinha entre seus colaboradores informais Glauber, Ubaldo, Bananeira e Paulo Gil, que redigiam notas e naturalmente promoviam os amigos, e a eles mesmos.

Krista era uma brincadeira divertida, que fazia Helena conhecida e paparicada e até lhe dava um dinheirinho. Mas foi na Escola de Teatro que ela encontrou o que queria. E começou a dedicar a maior parte do seu tempo às aulas de Martim Gonçalves, mas também a frequentar os cursos de música e dança. Logo estava participando dos ensaios da montagem da *Ópera dos três tostões*, de Brecht, no papel de uma prostituta, além de namorar Glauber, ir a festas e eventos culturais e se tornar alvo prioritário das fofocas e maledicências da província.

Como os existencialistas franceses, eles eram adeptos do amor livre, desprezavam as convenções e debochavam da hipocrisia da sociedade. Feliz e apaixonado, Glauber ignorava as futricas invejosas e vivia repetindo, com orgulho, que tinha "a mulher mais desejada da Bahia". E justamente por isso via em cada um dos que a desejavam uma ameaça.

A luta continuava. Os barbudos cubanos de Sierra Maestra tomavam Havana e empolgavam os jovens revolucionários em todo o mundo. Na Bahia, o general Juracy Magalhães tomava posse como governador eleito e Glauber convocava Ubaldo, Guerrinha, Calá e Bananeira para uma reunião secreta em sua casa.

Algo precisava ser feito.

Depois de muita discussão, Glauber apresentou a sua proposta: deflagrar o caos bakuniniano na Bahia, com o fuzilamento de Juracy Magalhães e a explosão sequencial de bancas de jogo do bicho, porque os bicheiros eram aliados do governador.

Ubaldo fora convocado porque se dizia, embora não houvesse testemunhas, que atirava muito bem com armas longas. Era capaz de derrubar um isqueiro a 50 metros com um tiro de fuzil, habilidade que desenvolvera com a espingarda ganha do pai, em caçadas pelos campos de Sergipe. Como já tinha a arma, ele seria o atirador de elite, que abateria Juracy no exato momento em que o corneteiro tocasse diante da guarda perfilada, quando o governador entrasse de manhã no Palácio da Ondina.

Embora revolucionário sincero e inflamado, Ubaldo torcia em segredo para que o plano não se realizasse. Seu coração mole e cristão não o permitia se imaginar apertando o gatilho e estourando os miolos da cabeça branca de Juracy.

A proposta era discutida aos berros quando Calá deu um grito mais alto e um tapa na mesa. Conseguiu silêncio e abaixou a voz:

"Vocês ficam falando de bomba pra cá, bomba pra lá, aos berros, isso é uma loucura, as paredes têm ouvidos, os vizinhos podem chamar a polícia, é um perigo."

"Então precisamos de um código para a ação", propôs Bananeira.

"Ótimo, então vamos usar 'maçãs'", decidiu Glauber, retomando a discussão sobre a logística das explosões sequenciadas das bombas, epa!, das maçãs. Seriam maçãs com tique-taque ou silenciosas?

"Tanta maçã pode dar até uma indigestão", sacaneou Bananeira. Glauber ficou puto:

"Porra! Olhe a sua postura revolucionária, seja um homem sério! Nós vamos realizar a ação e depois a gente toma uma posição."

A reunião terminou com o plano detalhado e aprovado, faltando apenas definir a data de sua execução, esperando o momento histórico mais adequado para que as ações tivessem maior repercussão. O sigilo absoluto era fundamental.

No dia seguinte, no fim da tarde, Bananeira e Ubaldo fizeram a habitual visita à Livraria Civilização Brasileira e assim que chegaram foram logo abordados por dois rapazes da Escola de Teatro, que os puxaram para um canto e abaixaram a voz. Estavam excitadíssimos:

"Sensacional essa história das maçãs, grande ação, quando vai ser? Vocês têm nosso apoio total."

Toda a Bahia já sabia da "Conspiração das maçãs", que, para alívio de Ubaldo, foi abortada.

Enquanto isso, no Palácio da Aclamação, Juracy saudava o comunista Jorge Amado em sua volta à Bahia:

“Ontem mandei lhe prender, mas hoje estamos mais barrigudos e sábios.”

Na faculdade, Glauber e Ubaldo estreitavam a amizade e mantinham intensa vida acadêmica fora das salas de aula. Editavam a *Ângulos* e faziam a campanha de Glauber para a secretaria de Cultura do Centro Acadêmico Ruy Barbosa, com Ubaldo como vice. Glauber usava de todos os meios para promover o companheiro de chapa, apresentava-o como a maior autoridade em literatura americana na Bahia, que havia lido *Ulysses*, de Joyce, em inglês, com 14 anos, que era profundo conhecedor de Faulkner e Hemingway. E de Homero e Goethe e Rabelais e o escambau. Para promover a facilidade e naturalidade com que Ubaldo escrevia textos de alto nível, acabava constrangendo o amigo:

“Ubaldo escreve como quem faz cocô. O Ubaldo senta e caga um livro.”

Um livro talvez não, mas seu conto “Lugar e circunstância”, ao contrário da tese fisiológica de Glauber, foi produzido com muito esforço, razão e sensibilidade, e publicado no *Panorama do Conto Baiano*, ao lado de Jorge Amado e Adonias Filho, marcando a sua estreia oficial na literatura brasileira.

Com o terceiro número já editado e pronto para ir à gráfica, não havia dinheiro para pagar a impressão da tiragem de mil exemplares da *Mapa*.

Bananeira, que estava trabalhando com o dr. Pinto de Aguiar, da Editora Progresso, apresentou-lhe Glauber, que pediu sua colaboração. O editor se sensibilizou e, no dia seguinte, estavam todos no solene gabinete do Magnífico reitor Edgar Santos na Reitoria da Universidade da Bahia.

O dr. Pinto tinha intimidade com o reitor e expôs com simpatia o problema dos rapazes. Mas, quando ouviu o nome de Glauber, o reitor o interrompeu:

“Ah, eu o conheço. Você escreveu aquele artigo contra Martim Gonçalves.”

Bananeira congelou. A edição da *Mapa* descia pelo ralo. O reitor continuou:

"Você não entende nada de teatro, mas pode passar aqui amanhã que o dinheiro está no caixa. Boa tarde."

Quando voltou ao gabinete para pegar a ordem de pagamento, Glauber teve que ouvir uma preleção do reitor:

A Escola de Teatro devia a Martim Gonçalves a sua própria existência. A Fundação Rockefeller oferecera a ele uma verba para criar uma escola de teatro no Brasil, em convênio com uma entidade pública. E ele escolhera fazer na Bahia. Martim viajava duas ou três vezes por ano, por conta da Fundação Rockefeller, para se reciclar na Europa e nos Estados Unidos, e trazer novos conhecimentos para o Brasil. Não, Martim não era um elitista e um traidor de Pernambuco, mas um cidadão do mundo, apaixonado pela cultura da miscigenação que fez da Bahia o berço da civilização brasileira.

Martim estava precisando muito de ajuda, e o reitor sondou Glauber, por seus conhecimentos no meio artístico, para trabalhar como relações-públicas da Escola de Teatro. Mas Glauber interpretou a oferta como uma tentativa de cooptação, recusou com secura e correu para pegar o dinheiro no caixa. Seria o último número da *Mapa*, ninguém aguentava mais correr atrás de dinheiro.

Pensando melhor, Glauber acabou aceitando a proposta de trabalho de Martim e passou a ser um dos seus mais ativos e fiéis auxiliares.

A câmera como arma, pronta para "flagrar o caos bakuniniano na Bahia"

FORMA

CONT

E

EÚDO
OUSADIA

Com 19 anos e ideia fixa em cinema, Glauber se sentia pronto para fazer o seu primeiro filme. O curta seria uma experiência narrativa radical. Sem narrativa. Sem palavras nem música. Sem histórias nem símbolos. Sem razões nem sentimentos. Sem literatura nem psicologia. Influenciado pela poesia concreta, Glauber desenvolveu o roteiro de *Pátio* imaginando apenas formas e movimentos, luzes e sombras, pretos e brancos. Na trilha sonora, só ruídos, sons eletroconcretistas.

O filme seria estrelado por Helena Ignez, contracenando com o belo Solon, da Escola de Teatro, e filmado em um lindíssimo pátio de um velho casarão na Ladeira Mauá, com piso de cerâmica em preto e branco, como um grande tabuleiro de xadrez cercado de árvores e sombras. E ao fundo o mar da Bahia brilhando ao sol.

Para Glauber, além de cinema poético concretista, *Pátio* era um filme de amor, para Helena. Para revelar sua beleza e sua presença de atriz.

Usando os inúmeros contatos de Krista, Helena conseguiu parte do pequeno orçamento com o banqueiro e amigo Panfilo de Carvalho. Glauber arrancou da Prefeitura o que faltava.

Com algumas sobras de negativos de *Redenção* cedidos por Roberto e Oscar, a Arriflex comprada no Rio operada por Waldemar Lima, e assistência de Luiz Paulino, e Paulo Gil, Glauber rodou *Pátio* em quatro dias, com Helena e Solon em lentos movimentos sobre o chão quadriculado, entre as sombras das árvores.

No plano final, de costas para a câmera e pernas abertas, Solon era enquadrado da cintura para baixo e, com a baía de Todos os Santos ao fundo, deveria verter um abundante jorro de urina, como uma metafórica ejaculação.

Além de audaciosa, a filmagem da cena enfrentou uma dificuldade técnica: Solon não conseguia urinar de jeito nenhum, estava seco. A saída foi escalar Paulo Gil como dublê de mijada.

Montado precariamente, o filme ficou com 14 minutos.

Nas sessões domésticas para os amigos, em Salvador, provocava grande admiração por sua audácia, mas também muita estranheza. Era difícil argumentar. Contra ou a favor. Como comentá-lo usando os valores e critérios cinematográficos tradicionais, ou mesmo modernos? Não havia como atribuir simbolismos e intenções aos personagens, que pareciam não ter história nem sentimentos. Não havia nada de político nem de social, eram formas que se moviam lentamente em pura plasticidade, nos enquadramentos e movimentos de câmera, ao ritmo de uma montagem que não narrava um enredo, mas era o resultado das contradições dialéticas entre os planos e sequências. Sua ambição era ser cinema em estado puro, atingir o "específico fílmico". No Bar do Maciel, Paulo Gil sintetizou:

"Apesar de ser um tanto estranho o filme não ter histórias nem simbologias, ele é, como sempre pensamos e ambicionamos, o cinema-cinema."

Aproveitando a oportunidade de um congresso de cineclubes em São Paulo, e a companhia de Walter da Silveira e sua mulher, Glauber botou a lata de *Pátio* na maleta e viajou com Helena, que queria fazer compras para o enxoval. Escândalo e estupor na família baiana. Se viajavam juntos, então se comprovava a suspeita geral: dormiam juntos.

Em São Paulo, Glauber exibiu *Pátio* na Vera Cruz, com a montagem provisória, na expectativa de encontrar parceiros para a finalização e a sonorização com a *Sinfonia para um homem só*, música concreta de Pierre Henry feita de ruídos e timbres eletrônicos, usada por Maurice Béjart em um revolucionário balé. Ninguém demonstrou interesse, mas Glauber encontrou no cineasta Walter Hugo Khouri, dez anos mais velho e já a caminho do seu quarto longa, um admirador de seu estilo, e da beleza de Helena. Logo ele, que era vilipendiado pela esquerda, como um imitador do cinema sueco, um Bergman de araque, um formalista sem compreensão da realidade brasileira. Khouri viu beleza e invenção no curta, mas foi sincero e realista na carta que Glauber recebeu em Salvador:

"Acredito que não exista ambiente aqui para o seu tipo de filme. Tenho certeza que o pessoal nunca o compreenderia. Estão todos ávidos de fitas exóticas, sobre a 'nossa realidade', e nunca perdoarão um cultivador de cinema absoluto."

No Rio de Janeiro, Glauber fez a montagem definitiva e acrescentou a trilha sonora na Líder, por conta própria. *Pátio* foi exibido junto com *Caminhos*, o primeiro curta do amigo Saraceni, em concorrida sessão-dupla na casa da artista plástica Ligia Pape, com a presença do grande crítico de arte Mário Pedrosa, o artista de vanguarda Hélio Oiticica, o poeta Ferreira Gullar, o escultor Amilcar de Castro e boa parte dos editores do Suplemento Dominical do *Jornal do Brasil* (SDJB), que era o grande palco, vitrine e tribuna da poesia concreta. Além de muitos artistas e jornalistas, belas mulheres e alguns penetras.

Os dois filmes foram recebidos com grande entusiasmo pelos convidados. Mas ninguém fez mais sucesso do que a exuberante Helena Ignez, a mais festejada da noite, deixando Glauber de olho vivo, faro fino e orelha em pé. Era uma perfeita festa carioca, movida a uísque, jazz e bossa nova, cheia de conquistadores e de mulheres liberais, com pequenos grupos discutindo cultura e política. Do encontro com os editores do SDJB surgiu a proposta — logo aceita — de um espaço na página para a publicação de um manifesto do Cinema Novo, com os princípios, as propostas e as ambições do movimento. Miguel Borges foi escolhido para a redação. Depois fariam uma revisão coletiva e mandariam para o JB.

No dia seguinte, no Alcazar, a turma aguardava ansiosa a chegada de Miguel em volta de tulipas de chope. Rufaram tambores imaginários, fez-se silêncio e Miguel chegou e começou a ler, com um tom viril e afirmativo:

"Não queremos mais cinema-literatura. Não queremos mais cinema-teatro. Não queremos mais cinema-música ou cinema-dança. Não queremos mais cinema-pintura. Queremos cinema-cinema."

Foi interrompido aos berros por Saraceni:

"Porra, isso é ridículo! É com isso que nós vamos reinaugurar o cinema brasileiro?"

No meio de berros e palavrões, poucas vozes de equilíbrio e sensatez pediam para que se continuasse a leitura do manifesto, mas ninguém ouvia. Saraceni gritava:

"É ridículo. Parece o filho pedindo pro pai. Quero uma bola. Não uma bola de futebol. Não uma bola de basquete. Não uma bola de vôlei. Não uma bola de tênis. Não uma bola de bilhar. Não uma bola de pingue-pongue. Quero uma bola-bola!"

Entre gritos e gargalhadas, foi ovacionado pela turma. Era o fim do "Manifesto bola-bola". Mas nascia o Cinema Novo. Que já havia nascido antes, em um texto do crítico Eli Azeredo — e principalmente na cabeça de Glauber.

Solon Barreto e Helena Ignez em cena de *Pátio*, primeiro filme de Glauber, 1959

CRI
IMAG

MIES
NÁRIOS

Em noite de black tie, com a presença do prefeito e do governador com suas esposas, *Redenção* teve a sua avant-première de gala no Cine Guarani, no início de março. Era o primeiro longa-metragem realizado na Bahia — e o único no mundo em Igluscope — e terminou com aplausos entusiasmados. No dia seguinte, na estreia para o público no Guarani e no Cine Tupi, a população quase quebrou os cinemas. *A Tarde* noticiou:

As entradas dos cinemas foram alargadas para tentar conter o empurra-empurra da multidão. O primeiro longa-metragem baiano bateu o recorde de bilheteria do Cine Guarani em apenas uma semana. O Guarani e o Tupi, desde a matinal de domingo, têm suas lotações esgotadas. Será a maior renda das duas casas de espetáculos desde as suas inaugurações.

Roberto, Oscar e Élio, a turma da Iglu, estavam felizes. Depois de três anos, filmando só nos fins de semana, quando a equipe técnica podia, realizaram o sonho, um thriller policial sobre um estrangulador de mulheres.

O enredo e a linguagem eram ingênuos e o filme sofria com a produção modesta e a precariedade técnica, mas Glauber escreveu uma longa crítica elogiosa no *Diário de Notícias*, em defesa do cinema baiano, atacado pelos intelectuais mas prestigiado pelo povo, que se reconhecia na tela.

No dia 17 de abril, *Pátio* estreou no Cinema Guarani, como complemento do longa de terror *Cara de fogo*, do paulista Galileu Garcia. Uma semana depois, a coluna de Krista noticiava:

Pátio *saiu completamente de cartaz. A reação do público foi feroz demais para a qualidade do material de que são feitas as cadeiras do Cine Guarani.*

Glauber e Helena tentaram resistir, mas acabaram cedendo às pressões familiares e o casamento foi marcado para junho, na igreja do Mirante dos Aflitos, onde se casavam as tradicionais famílias baianas. Mas havia um grave impedimento: como protestante, Glauber não poderia se casar numa igreja católica. Só se fosse batizado. Uma semana antes do casamento, para grande decepção e desgosto de sua mãe, Glauber se deixou batizar. Escolheu o nome católico de Pedro e foi registrado na certidão como Glauber Pedro de Andrade Rocha.

No dia 30 de junho, o casamento foi um dos grandes eventos sociais do ano em Salvador. Para a lua de mel, os padrinhos Jorge Amado e

Zélia Gattai ofereceram ao casal seu apartamento no famoso Hotel Quitandinha, em Petrópolis, de que seus outros afilhados, João Gilberto e Astrud, já haviam desfrutado. Na volta, foram morar com dona Lucia, Adamastor e Necy no apartamento em frente à pensão.

Em setembro, o jingle tocava o dia inteiro nas rádios de Salvador:

O galo canta,
anunciando o dia,
chega em sua casa
o Jornal da Bahia.

Para concorrer com o tradicional *A Tarde*, o empresário João Falcão fundou o *Jornal da Bahia* com uma proposta inspirada nas grandes mudanças editoriais e formais que haviam feito do *Jornal do Brasil*, do Rio de Janeiro, o melhor da nova imprensa que florescia no otimismo e na liberdade dos Anos JK.

A linguagem seria moderna e a diagramação, audaciosa. Profissionais experientes foram convocados no Rio de Janeiro e em São Paulo. Dos jovens talentos locais, Ubaldo foi o primeiro a ser chamado para a redação e, dois meses depois, já com alguma moral, trouxe os amigos Paulo Gil, Bananeira e Glauber para a reportagem.

Mas só havia lugar para Glauber na Editoria de Polícia, era pegar ou largar. Pegou:

"Vamos humanizar essa página policial, Ubaldo!"

A redação logo se habituou a ouvir, várias vezes ao dia, Glauber gritando no telefone:

"É do Nina? Tem alguém morto aí, meu filho?"

Glauber já estava ficando íntimo do pessoal do necrotério Nina Rodrigues. Mas raramente havia alguém morto, de morte matada, na pacífica Salvador de 1959.

Em uma noite modorrenta, depois de vários telefonemas infrutíferos, Glauber reagiu à seca de cadáveres e crimes na máquina de escrever:

“JAPONÊS TRESLOUCADO MATA CINCO EM ARARAQUARA”

Narrou com cores fortes os bárbaros assassinatos e entregou ao editor, que gostou muito e publicou na íntegra.

Nunca mais faltaram notícias de crimes, pelo menos de outros estados, em cidades remotas, na vibrante página policial do *Jornal da Bahia*.

Em dias de noticiário mais fraco, Ubaldo encarnava John Brooks, o correspondente em Nova York, que enviava matérias palpitantes sobre gangues juvenis, guerras de quadrilhas e crimes hediondos.

Tudo ia bem até Glauber criar um bom crime passional, mas na periferia de Salvador. A polícia não gostou da brincadeira, deu-lhe uma descompostura, e ali se encerrou a sua breve carreira de repórter policial.

Fascinado pela revolução cubana, que caminhava para o que ele via como um novo socialismo e um modelo de luta para o Brasil, Glauber insistiu com a direção do jornal para mandá-lo como enviado especial para cobrir as grandes transformações que estavam acontecendo em Cuba. Iria até de graça. Mas mandaram-no de volta para o Suplemento Literário, no qual escreveu inflamados artigos sobre o novo tempo que estava começando na América Latina.

Glauber e Helena no dia do casamento em Salvador, 1959

O BELO
O FEIO
E O

DESEJO

À noite, em casa, Glauber atendeu o telefonema de uma voz educada, com forte sotaque gaúcho, que se apresentava como Luiz Carlos Maciel. Havia conhecido Paulo Gil em Recife, no Festival de Teatro dos Estudantes, que lhe falara muito de Glauber como um intelectual de alto nível com quem havia montado os espetáculos das Jogralescas, e lhe dera o seu telefone em Salvador.

"Salve, Maciel, onde é que você está?"

No hotel mais barato que havia conseguido, um muquifo piolhento no centro da cidade. Glauber iria encontrá-lo.

"Não saia daí. Em vinte minutos estou chegando."

Mal entrou no cubículo de Maciel, Glauber se horrorizou:

"Putaqueupariu, Maciel, este lugar está horrível, deprimente, você não pode ficar aqui. Você vai ficar lá na pensão da minha mãe. Pega as suas coisas e vamos embora."

Maciel era um jovem intelectual de Porto Alegre, recém-formado em Filosofia, de cabelos lisos e escuros e um rosto bonito de traços clássicos. Apaixonado por teatro, Beckett, Sartre e Freud, era muito culto e dotado de uma inteligência rápida e um rigor estético que entraram logo em sintonia com as ideias de Glauber. Agradecia ao novo amigo, aceitava a generosa hospedagem e ficaria três dias, no máximo.

Ficou dez. Foram dias de sol e alegria, quando conheceu Helena, Necy e a turma toda na festa de lançamento da *Mapa*, na galeria Domus, e depois nos cinemas, nos bares e na praia, mergulhando nas águas mornas do Porto da Barra. Conseguiu até uma namorada, a bela Yonne.

O que mais o impressionou em Glauber foi a ousadia. A forma como ele falava das coisas, da vida e da arte, e principalmente do cinema, a grande determinação que tinha de fazer filmes. E mesmo sem nunca ter filmado, se apresentava como diretor e anunciava que em breve estaria rodando seu primeiro curta.

Mas estranhou a forma de Glauber cumprimentar as pessoas, com a mão mole estendida para ser apertada, sem nunca retribuir o aperto.

Glauber foi definitivo: Maciel não poderia voltar para Porto Alegre, a Bahia era o lugar certo para um homem como ele. Ainda mais no clima de "florescimento cultural baiano" do reitor Edgar Santos e da Escola de Teatro de Martim Gonçalves, de quem Glauber se tornara grande amigo e admirador, que estava oferecendo uma formação de qualidade internacional na Bahia provinciana. A grande transformação sairia dali, Salvador seria o berço da nova cultura brasileira.

Maciel só foi a Porto Alegre para buscar as suas coisas e avisar à família que iria morar em Salvador, com uma bolsa de estudos na Escola de Teatro, gentilmente concedida por Martim Gonçalves. Trazia na bagagem um diploma de Filosofia, uma montagem de sucesso de *Esperando Godot* e a certeza de que encontrara a sua geração. E a maior crença dessa geração era atribuir à arte uma função transformadora da sociedade. Todos acreditavam com fervor que a arte poderia modificar a maneira de as pessoas viverem.

Quando finalmente viu *Pátio* projetado, Maciel já conhecia cada plano do filme, de tanto que Glauber falava nele.

"É uma experiência. Não é o que vou fazer em cinema", esclarecia Glauber, "é um exercício caligráfico, de câmera, de luz, de concepção, mas principalmente de luz".

Era uma experiência radical de linguagem plenamente realizada. Mas era preciso avançar, ousar mais, tocar em temas polêmicos. O novo curta era em tudo o oposto de *Pátio* e se chamaria *Cruz na praça*, uma sedução homossexual silenciosa que começava nos bancos da igreja de São Francisco, com um homem muito feio assediando um muito bonito, e terminava em uma praça em frente à igreja, à sombra de uma grande cruz, com o feio agarrando o bonito pelos colhões e castrando-o com uma faca, em fusões dramáticas com os anjos da igreja.

O homem bonito seria Maciel. Glauber não admitia recusas ou recuos.

O feio, o experiente ator Anatólio de Oliveira.

Com orçamento ínfimo e equipamento emprestado, e todos trabalhando de graça, Glauber começou a rodar *Cruz na praça* na riquíssima igreja de São Francisco, que tanto o impressionara em sua primeira viagem a Salvador, ainda menino.

Não havia roteiro escrito nem falas, estava tudo na cabeça de Glauber, que só deu algumas explicações por alto sobre a ideia central e dizia o que queria de cada cena.

Sob a luz vazada das janelas e dos vitrais, filmou planos longos e lentos da sutil sedução e aproximação dos dois homens. Filmou detalhadamente as imagens dos anjos lânguidos — todos pintados com expressões de lascívia — para depois, na montagem, contrapô-las com os olhares de Anatólio para Maciel, criando um clima crescente de tensão sexual.

Quando a filmagem passou para fora da igreja, à sombra do grande cruzeiro de pedra de São Francisco, Glauber chamou Maciel em um canto e cochichou, no seu típico tom conspiratório:

"Fica firme aí que eu ainda não falei com o Anatólio que agora vai ter a cena que ele te agarra pelos colhões e te castra. Não falei nada antes para ele não encrencar, mas agora nós temos que filmar. Aguenta as pontas que eu já resolvo tudo."

De longe, Maciel viu Glauber puxando Anatólio de lado, pegando-o pelo braço, passando a mão pelo seu ombro e falando no seu ouvido. Anatólio só balançava a cabeça. Até que Glauber foi interrompido pelo seu grito:

"Não faço porra nenhuma!"

"Quer saber de uma coisa? Sua carreira acabou! Eu não permitirei que você faça mais nenhum filme na sua vida", reagiu Glauber.

E começou uma discussão em altos brados, que terminou com Glauber chamando Anatólio à responsabilidade:

"Olha aqui, ator não tem que ter sexo, nem moral, nem princípio, nem ideologia. Na hora de interpretar tem que interpretar, porra! Vamos fazer a cena."

E a cena foi feita, com Anatólio envergonhadíssimo agarrando Maciel pelos colhões. E pior, teve que ser repetida várias vezes, com o ator agarrando de verdade nos colhões de Maciel, e não apenas na calça, como Glauber havia concedido para que Anatólio filmasse.

"Não adianta, Anatólio, está falso, agarra firme nos colhões dele", gritava Glauber, enquanto a câmera rodava mais uma vez.

O aparecimento do jipe de uma produtora de cinejornais, dirigido por um conhecido de Glauber, lhe deu a ideia para o plano final: seria um longo travelling circular, em volta da grande cruz de pedra, com a câmera filmando de dentro do jipe. Instalou a câmera e instruiu o motorista sobre o movimento e a velocidade, que deveria ser lenta e constante, e rodou meia hora em volta de Maciel castrado aos pés do cruzeiro.

Nas páginas seguintes, Luiz Carlos Maciel, que, de passagem por Salvador, acabou se mudando definitivamente para a Bahia

UM
AMER

ICANO
EM SALVADOR

Para montar o filme, Glauber não poderia se dar ao luxo de uma moviola, teria que se contentar com uma coladeira, uma luz forte e um bom olho.

Mandou revelar os negativos na Líder, no Rio, e depois de ver os rolos com um projetor emprestado começou a trabalhar com o amigo Luiz Paulino, que havia filmado e montado o curta *Um dia na rampa*. A técnica não poderia ser mais primitiva: olhavam o copião contra uma luz forte e marcavam — em braços e palmos — o tamanho dos planos.

"Você acha que um braço desse plano está bom, Paulino?"

Com cuidado, Paulino cortava com gilete a película, raspava a ponta e, com uma cola à base de acetona, juntava as duas partes na coladeira. A tarefa exigia uma habilidade manual e uma prática que Glauber não tinha.

O trabalhoso travelling circular feito com o jipe não foi usado. Com a câmera sacolejando sobre os paralelepípedos de Salvador, as imagens estavam tremidas. Não era porque estavam tremidas que Glauber as rejeitou, mas porque estavam tremidas errado. Havia as que tremiam certo. Tanto que, durante as filmagens, algumas vezes passava um tempão enquadrando a câmera e, depois, seguindo conselhos de Buñuel, lhe dava leves esbarrões "acidentais", em busca de um efeito quase imperceptível de imprecisão nas imagens.

Com o filme precariamente montado, Glauber conseguiu que o projecionista do Cine Liceu, seu velho conhecido, o exibisse antes de começar a primeira sessão. Só chamou Maciel, pedindo segredo de estado, e achou mais prudente não convidar Anatólio, que poderia se chocar ao se ver em tela grande fazendo aquelas abominações.

Glauber e Maciel se sentaram na plateia vazia e o projecionista apagou a luz. Como Glauber havia lhe avisado que o filme era mudo, quando apareceram as primeiras imagens na tela, o projecionista, em espontânea colaboração criativa, rodou no toca-discos o tema de *Um americano em Paris*, de Gershwin, com a orquestra de David Rose. E saiu para tomar um café e fumar um cigarro no botequim.

De pé, na sala escura, Glauber gritava furioso para a cabine vazia e gesticulava:

"Corta o som! Corta o som!"

A meio caminho da escada que levava à cabine, parou, olhou a tela e voltou a se sentar ao lado de Maciel.

"Porra, isso está uma merda. Eu já descobri que a montagem está sincronizada no ritmo de *Um americano em Paris*, repara só se não está!"

Estava.

Maciel tentou contemporizar, dizendo que tinha se abstraído da música, e gostado do que vira, mas Glauber saiu puto do cinema, dizendo que ia remontá-lo em uma moviola.

Luiz Carlos Maciel e Anatólio de Oliveira em cena do filme *Cruz na praça*

SECOS
E M

OLHADOS

No Rio de Janeiro, Nelson viu *Rio, Zona Norte* naufragar nos cinemas, fustigado pela crítica, principalmente dos comunistas, e desprezado pelo público. Em Salvador não foi melhor; depois de uma semana o filme saía de cartaz. A viagem valeu para reencontrar Glauber, conhecer Helena e rever os amigos na festa de lançamento no Anjo Azul.

Quebrado, Nelson se empregou como redator no *Diário*

Carioca e começou a dirigir curtas publicitários para Jean Manzon e Isaac Rosemberg, que dominavam os cinejornais exibidos antes dos filmes.

Mas largou tudo quando surgiu a oportunidade de fazer um filme em Juazeiro sobre a grande seca que assolava a região, por encomenda do Dnocs (Departamento Nacional de Obras Contra a Seca). Foi para Salvador e se hospedou na pensão de dona Lucia, onde conheceu Paulino, Telles, Paulo Gil e outros amigos de Glauber. Precisava escolher gente nova para sua equipe de filmagem em Juazeiro.

Subindo o São Francisco de "gaiola", Nelson escrevia, tomava notas, imaginava cenas para o seu filme. Em busca de inspiração, começou a reler *Vidas secas*, de Graciliano Ramos. Foi fatal. Maravilhado com a secura e precisão da escrita de Graciliano, pela dimensão humana dos seus personagens, pela força dramática de sua narrativa, achava cada vez piores e mais pobres as suas ideias e anotações para o filme sobre a seca. Abandonou seu projeto e decidiu filmar *Vidas secas*.

Com o amigo Danilo Trelles, um uruguaio que conhecera na Cinemateca de Montevidéu, conseguiu o dinheiro para iniciar a produção. E com o governador Juracy Magalhães, primo do seu amigo Pompeu de Souza, editor do *Diário Carioca*, uma parte do orçamento franciscano das filmagens. Contratou o elenco e a equipe técnica em Salvador, entre eles Paulino e Telles, indicados por Glauber, e partiu para Juazeiro. Uma parte foi de trem, outra de "gaiola".

Sob sol escaldante, chegaram a Juazeiro e à paisagem desolada da seca. Se hospedaram no hotel mantido pela Companhia de Navegação Fluvial na beira do rio, com quartos limpos e duas refeições fartas.

No dia seguinte, logo de manhã cedo, começou a chover forte, uma chuva pesada e barulhenta, de pingos grossos batendo nos tetos de zinco; o povo foi para a rua comemorar com gritos, palmas e preces. Foguetes saudavam o aguaceiro. Não era uma chuva de verão, mas uma tempestade tropical desabando sobre Juazeiro durante todo o dia e a noite inteira, transformando ruas e quintais em lamaçal. Depois de um breve alívio de manhã, a chuva logo voltou, e com mais força, transbordando riachos, arrastando barracos ribeirinhos e invadindo casas de pau a pique. O Velho Chico em fúria alagava as margens e destruía pontes. O prefeito decretou estado de emergência, não mais pela falta de água, mas pelo excesso.

Nelson via seu sonho de filmar *Vidas secas* sendo levado pela torrente de água barrenta.

Já que estava na zona do desastre, tinha algumas latas de negativo e uma câmera, Nelson voltou ao jornalismo e produziu várias reportagens sobre as enchentes para o cinejornal *Bahia na tela*, da Iglu Filmes. Entre as filas de famintos e desabrigados, partidos políticos brigavam para distribuir as rações de carne-seca, farinha e rapadura enviadas pelo governo federal, exigindo a intervenção do bispo de Petrolina, do outro lado do rio, que fez as distribuições em suas igrejas.

O sertão estava virando mar. De lama. Com a produção montada e a equipe contratada, a única solução seria fazer, com o mesmo elenco, nas mesmas locações, um outro filme.

Mandacaru vermelho era um western nordestino, um nordestern, como dizia Nelson, em que, por absoluta falta de opções, teve de interpretar ele mesmo o mocinho, que mata os bandidos e se casa com a mocinha. Preparado para fazer o faminto "Fabiano" de *Vidas secas*, o ator Miguel Torres estava esquelético e não convenceria no papel do vaqueiro valentão.

Até Paulino e Telles acabaram atuando como atores. Com um fio de história alinhavado, Nelson escrevia as cenas num dia e filmava no outro. O material ia para Salvador de barco e de lá, de avião, para o Rio de Janeiro, onde era revelado e mandado de volta. A caatinga floria, os cavalos galopavam pelos campos verdejantes, Nelson via os copiões no Cine Juazeiro e tentava descobrir em que aquilo tudo iria dar.

Nelson Pereira dos Santos em cena do filme *Mandacaru vermelho*

SURREALISMO TERRO

RISMO

E NEORREALISMO

Um obscuro escritor piauiense colocou Ubaldo e Glauber em lados opostos. Enquanto recebia uma crítica elogiosa de Ubaldo no *Jornal da Bahia*, o desconhecido Galileu Messias de Albuquerque era desancado por Glauber no *Diário de Notícias*. A discordância se tornou uma polêmica virulenta, com réplicas e tréplicas acaloradas, conforme o combinado, quando o próprio Galileu, que tinha sido inventado

pelos dois, se manifestou em um longo artigo no *Jornal da Bahia*, em que mais confundiu do que esclareceu.

Nem poderia ser de outra maneira. Fora escrito a seis mãos por Ubaldo, Glauber e Maciel em noitada de inspiração, uísques e gargalhadas, com cada um escrevendo um trecho, sem saber o que o outro havia escrito. Ninguém poderia mesmo entender o artigo de Galileu. Nem eles, que o haviam inventado.

Mas o mundo cultural provinciano mordeu a isca e ficou curioso para saber mais sobre o polêmico personagem. Intelectual aristocrático, educado na Europa, de estilo erudito e pernóstico, Galileu era um crítico implacável do povo piauiense em seus livros, e por isso era detestado em Teresina. Teve seu palacete colonial apedrejado e suas obras queimadas em praça pública. Misterioso, vivia fechado em casa, tomando absinto e recebendo moças, e, diziam, até meninas, na calada da noite.

Krista noticiou a breve passagem de Galileu por Salvador, quando esteve bebericando "xixi de anjo" no Anjo Azul com uma senhora misteriosa. E saiu deixando uma gorjeta maior do que a conta.

Na Livraria Civilização Brasileira começou uma inusitada procura pelos livros de Galileu Messias. Boatos e fofocas circulavam sobre seus hábitos estranhos, suas amantes e sua fortuna. Logo Glauber, Ubaldo e Maciel encontravam pessoas que lhes juravam que não só haviam lido os seus livros como conheciam Galileu pessoalmente, alguns até já haviam tomado porres de absinto com ele.

No *Jornal da Bahia*, o escritor maldito expressou toda a sua fúria antipopular em um último, longo e erudito artigo, coalhado de citações, inclusive de Hegel, em um alemão que Maciel havia copiado de um manual da Volkswagen. E não só: em trecho que bem o define, Galileu, incorporado por Ubaldo e citando Aristóteles, lamentava que o jornal não tivesse caracteres em grego para a fiel expressão de seu pensamento.

E depois disso, descansou em paz.

Mas Glauber não descansava. Ubaldo e Bananeira fumavam e conversavam na sala do centro acadêmico quando ele entrou, irritadíssimo com um editorial do *Jornal da Bahia* contra Cuba, que considerou reacionário e fascista.

Algo precisava ser feito.

Pediu licença a Bananeira, puxou Ubaldo de lado e, no habitual tom conspiratório, cochichou que já havia conversado com Bananeira e que ele estava no esquema. O plano era sequestrar João Falcão, dono do *Jornal da Bahia*, e assaltar o seu Banco Baiano da Produção.

A ação foi estrategicamente marcada na porta da casa do banqueiro, que deveria ser capturado, narcotizado com clorofórmio e depois levado numa coleira de arame até o banco, para abrir o cofre. Cada vez que errasse o segredo, a coleira apertaria mais o seu pescoço. Tito, um bancário que frequentava a Civilização Brasileira, já estava contatado para executá-la porque entendia de cofres. O produto da expropriação seria doado à revolução cubana.

Ubaldo tentou argumentar que Tito nem fazia parte da turma, não era de confiança, podia abrir o bico se o pegassem.

Glauber olhou sério e apertou um gatilho imaginário:

"Nós cuidamos dele. Dez mil dólares para a viúva."

E mudou de assunto. Tito era solteiro.

A grande bomba era o boato sobre a vinda a Salvador de Roberto Rossellini, o grande mestre do neorrealismo italiano, venerado por Glauber e os jovens cineastas que se inspiravam em seu estilo de produção e direção para tentar criar um novo modelo de cinema no Brasil.

Rossellini enfrentava um processo por bigamia na Itália por ter trocado a esposa italiana pela sublime sueca Ingrid Bergman, nas filmagens de *Stromboli*, e estava ameaçado de prisão. Corria a lenda de que ele viria a Salvador à procura de locações para um filme baseado em *Geografia da fome*, de Josué de Castro.

Pelo pintor Di Cavalcanti, amigo de Rossellini e convocado para ser seu cicerone no Brasil, Glauber ficou sabendo que o homem estava mesmo chegando. E foi integrado à comitiva que mostraria Salvador ao mestre e ao câmera que o acompanharia para documentar as locações.

Com o fotógrafo do *Diário de Notícias*, Glauber foi o repórter oficial da histórica visita. Foram três dias percorrendo a cidade em dois táxis, por paisagens deslumbrantes, igrejas luxuosas e bairros sujos e miseráveis, com diversas paradas para filmar, comer e beber. Uma das mais longas foi no Pelourinho, no puteiro Buraco Doce.

No último dia, chocado com o contraste entre a exuberância de luz e beleza e as sombras da miséria revoltante, Rossellini abriu os braços para o pôr do sol na baía de Todos os Santos e, tomado por um impulso de baianidade explícita, declarou que não só queria viver, mas também morrer na Bahia.

Rossellini voltou para a Itália e nunca mais se ouviu falar do filme.

O ano terminou mal, no réveillon do Clube Inglês, com Helena decotada e exuberante e Glauber como um macaco zangado de smoking, atraindo as atenções da festa com um bate-boca violento que quase degenerou em sopapos, levando o casal para casa mais cedo. A boa notícia era que Helena estava grávida.

Roberto Rossellini é fotografado pelo jornal *A Tarde* em visita a Salvador

GRITO
GUE

DE

RRA

RR

No fim do verão de 1960, no Rio de Janeiro, Saraceni embarcou em um cargueiro rumo à Itália, onde faria um curso no Centro Sperimentale di Cinematografia, em Roma. O navio fez uma parada de alguns dias em Salvador e, a convite de Glauber, Sarra se hospedou na pensão.

Mas logo foi alvo da ira de Adamastor, que não gostou de sua pinta de galã carioca, falando chiado e de conversa mole com Necy, então com 17 anos, e o expulsou da sala aos gritos. Foi salvo pela intervenção de dona Lucia, que lhe explicou os problemas de Adamastor enquanto o levava para o seu quarto. Glauber só chegou mais tarde. Havia conseguido com um projecionista amigo que fizesse uma sessão pirata de *Cruz na praça*, mesmo com a montagem provisória, mas pelo menos sem a música de *Um americano em Paris*.

O filme era mudo, mas Glauber falava alto na plateia, narrando os longos planos feitos com câmera na mão, percorrendo ruas e becos, como em *Roma, cidade aberta*, de Rossellini. Mesmo inacabado, mostrava uma outra linguagem, antítese do formalismo concretista de *Pátio*, feita com uma câmera em permanente movimento e revelando as contradições entre o feio e o bonito, o masculino e o feminino, o sagrado e o profano. Entre o velho e o novo.

Em casa, empolgados, Glauber e Sarra imaginavam a integração do "cinema verdade" de Jean Rouch com o neorrealismo de Rossellini, em cenários e conflitos brasileiros.

"É uma ideia na cabeça e uma câmera na mão!", Sarra chutou em gol e Glauber aplaudiu. Nascia o grito de guerra do Cinema Novo.

Inspirado por Rossellini, Glauber também queria fazer uma viagem para ver locações e convenceu o *Diário de Notícias* a enviá-lo para uma série de reportagens no sertão e na caatinga. Com Guerrinha como assistente e um fotógrafo do jornal, passaram por Santa Brígida, Jeremoabo e Juazeiro, refazendo rotas de Lampião e seus cangaceiros e entrevistando Dadá, a mulher de Corisco, e seu matador, o major Rufino, que deu a Glauber três versões diferentes, todas verossímeis, da morte do cangaceiro. E depois, no documentário de Paulo Gil, *Memórias do cangaço*, daria uma quarta.

A série começou com "No roteiro do cangaço, repórter do DN descobre Corisco."

O roteiro era para um futuro filme, com o título provisório de *A ira de Deus*.

Na *Ângulos*, Glauber mudava de enquadramento e de foco e dedicava várias páginas a uma análise profunda e elogiosa da breve filmografia do francês Roger Vadim, de estilo sensual e sofisticado, que era meio subestimado pela turma do *Cahiers du Cinèma*, mas explodira para o sucesso com *E Deus criou a mulher*, lançando sua jovem mulher, Brigitte Bardot.

Falando de Vadim, parecia falar de si mesmo:

"Seu comportamento é o comportamento do poeta: sua visão encontra o conflito e sua linguagem cria o estado. Além disso, situa-se como o mais pessoal de todos os cineastas surgidos nas últimas gerações."

Assim como Vadim fazia com Brigitte, misturando suas vidas e seus filmes, Glauber tinha Helena, muitas ideias na cabeça e em breve teria uma câmera na mão.

Rebelião na Escola de Teatro. Revoltados porque Martim Gonçalves havia importado do Rio de Janeiro a atriz Maria Fernanda para fazer a "Blanche DuBois" de *Um bonde chamado desejo*, um grupo de atores, liderados pelo professor João Augusto, sabotava os ensaios enquanto Martim estava no exterior.

Assim que soube, Martim voltou imediatamente e restaurou a ordem, avisando que quem quisesse poderia sair da escola. Os dissidentes fundaram o Teatro dos Novos, mas Helena e Maciel, que eram do elenco, e Glauber, que não tinha nada a ver com a guerra, apoiaram Martim e foram chamados de chapa-branca, reacionários e direitistas.

A Iglu Filmes continuava produzindo documentários e cinejornais e, depois do lançamento bem-sucedido de *Redenção* em Salvador, anunciava seus próximos projetos: *A grande feira* e *Tocaia no asfalto*, dirigidos e produzidos por Roberto e Oscar.

Glauber lia e relia o roteiro que Paulino lhe dera. Não achou *Barravento* nenhuma maravilha, mas estava louco para entrar de cabeça em um longa, para aprender fazendo.

"Deixa comigo, Paulino, eu vou produzir o seu filme."

E partiu para o escritório de Rex Schindler.

Com pinta de galã, Paulo César Saraceni irritou Adamastor ao paquerar Necy

ALIANÇAS ESTRA

TÉGIAS

Judeu, mulato e baiano com nome de cachorro, era como Rex gostava de se definir. Médico e escritor, ganhava dinheiro com a compra e venda de imóveis, e simpatizara com Glauber desde que o conhecera no estúdio do fotógrafo Leão Rosemberg, em busca de algum documentário para dirigir. Gostava muito de seus artigos nos jornais, compartilhava a sua paixão pelo cinema, e o recebeu com muita simpatia.

Mas preferia conversar caminhando, e passaram boa parte da tarde subindo e descendo a rua Chile. Rex era anticomunista ferrenho e Glauber achou melhor superar as eventuais divergências ideológicas e desenvolver as afinidades artísticas que os uniam.

Rex se encantou com a sua fluência, com os seus olhos brilhando de crença e ambição, defendendo um cinema novo e independente.

Para Rex, o cinema tinha que se basear na literatura, no romance, senão não ia dar certo. Glauber esquecia o "específico fílmico" e o cinema-cinema, concordava e dava exemplo:

"Veja você Jorge Amado, ele descobriu um caminho em que consegue colocar nos livros a beleza e a tragédia do povo."

Concordavam que a nova linguagem cinematográfica deveria partir do neorrealismo brasileiro de *Rio, 40 graus*, um grande sucesso popular na Bahia.

Enquanto caminhavam, Rex cada vez simpatizava mais com a desenvoltura, a inteligência e a convicção de Glauber. Com sua imaginação de contista, ele o via como uma reencarnação dupla, não só de Castro Alves, mas também do poeta seiscentista Gregório de Matos, que caminhava ao seu lado falando alto e gesticulando, de camisa aberta no peito e alpercatas de couro.

Só no fim da tarde, tomando sorvete na Cubana, Glauber revelou, abaixando a voz e se aproximando de Rex, seus planos ambiciosos. E confidenciais. Em associação com a Iglu Filmes, estava pronto para produzir três longas de baixo custo e altas possibilidades de retorno dos investimentos. A renda dos dois primeiros filmes bancaria o terceiro, a renda dos três financiaria novas produções, e assim por diante, era o modelo de negócio glauberiano.

Em *Barravento*, o diretor seria Paulino e ele produziria junto com Roberto. O filme era ambientado no mundo do candomblé, que Paulino frequentava com fé e conhecia profundamente, e também mostrava o misticismo e a alienação como pano de fundo para uma história de paixão e morte.

Rex topou. Não conhecia Paulino nem Roberto, mas seria sócio de Glauber e da Iglu não só na produção de *Barravento*, como em *A grande feira*, com roteiro de Rex, e um terceiro que seria *Tocaia no asfalto*, de Roberto, ou *A ira de Deus*, o filme de cangaceiros de Glauber.

Só faltava avisar os rapazes da Iglu.

Paulino vibrou e Roberto ficou muito surpreso em saber que era sócio de Rex em três filmes. Leu por alto o roteiro de *Barravento*, achou interessante e, contagiado pelo entusiasmo de Glauber, convenceu seus sócios Oscar e Élio a embarcarem na aventura, entrando com todo o suporte técnico, câmeras, lentes, equipamentos de iluminação, enquanto Rex pagaria as despesas com o elenco e a produção, além do filme virgem.

Para bancar *Barravento* Rex vendeu um apartamento de dois quartos. Ele tinha outros imóveis, não faria falta.

Em seu escritório, na Cidade Alta, assinaram o contrato e discutiram os planos e a logística das filmagens, que seriam na distante praia de Buraquinho, uma paisagem deslumbrante de coqueirais entre o mar e a lagoa, onde havia apenas uma aldeia de pescadores. A estrela seria a morena Sonia Coutinho, jovem atriz da Escola de Teatro, que havia feito *Mandacaru vermelho* com Nelson, e por quem Paulino estava perdidamente apaixonado.

Até o início das filmagens, Paulino modificou bastante o roteiro, aumentando e valorizando a personagem de Sonia e mergulhando mais fundo no mundo do candomblé, deixando em segundo plano os conflitos sociais, com a inconsciência da paixão se sobrepondo à consciência política.

O outro papel feminino seria de uma negra forte e sensual, de beleza selvagem e porte de princesa, que Paulino encontrou na gaúcha Luiza Maranhão, quando a viu cantando em um show de Zé Kéti em Salvador.

Cena do filme *Barravento*, exibido em 1962

VENDAVAL BURAQ

EM

INHO

Em Buraquinho, a duas horas de jipe de Salvador, a maior parte por estradinhas de terra e pela areia, começaram as filmagens. Nos três primeiros dias Glauber não apareceu, para deixar Paulino mais à vontade.

Na manhã do quarto dia, mal chegou ao set, Glauber foi recebido pelo assistente Telles com péssimas notícias. Paulino e Sonia brigavam o tempo todo, ela queria cada vez mais presença, destaque e closes, e Paulino, cego de paixão, estava desviando todo o filme para a personagem dela e criando um clima péssimo com a equipe.

Em Salvador, uma semana depois do início das filmagens, Roberto se surpreendeu com o relatório de Telles, contando todo o conflito com Paulino e Sonia. Glauber tinha suspendido a filmagem e viria falar com ele e com Rex.

Quando aceitou coproduzir o filme, Roberto o fizera por Glauber, e não por Paulino, que não conhecia. Era nele que confiava. Não esperou que Glauber viesse, foi a Buraquinho e viu de perto o ambiente caótico e improdutivo, com Paulino perdendo tempo com detalhes que nem apareceriam na tela e subjugado pela paixão por Sonia, que exigia privilégios e até comida especial: não queria comer arroz com xaréu todo dia, como toda a equipe. Roberto disse a Glauber que não havia outra solução: Sonia teria que ser substituída.

Quando foi demitida por Glauber, Sonia chorou e esperneou, disse que largaria Paulino se saísse do filme. Mas estava fora. Entre as duas paixões, Paulino abandonou seu sonho de fazer cinema, rompeu com seus amigos, ameaçou dar tiros e convocar a fúria dos orixás, e seguiu com Sonia.

Com as filmagens suspensas, Glauber e Roberto foram a Salvador para discutir a crise com Rex e tomar providências. A dieta de xaréu com arroz seria suspensa e tia Lucia produziria trinta marmitas por dia na pensão, que seriam levadas diariamente para Buraquinho por um jipe da Prefeitura, uma das apoiadoras do filme.

Rex e Roberto queriam que Glauber assumisse a direção, mas ele preferia que Roberto dirigisse, porque tinha mais experiência. Ou Telles, que participara do roteiro e do início das filmagens. Mas Rex tinha fortes motivos:

"Não conheço esse Paulino, não tenho nada a ver com os problemas amorosos dele, não estou apaixonado por essa Sonia e quero ver esse filme pronto."

E se virou para Glauber:

"Meu trato é com você."

Não era só o compromisso com Rex e o seu primeiro longa, mas a ação inicial decisiva para a revolução cinematográfica com que ele sonhava na Bahia, e que mal estava começando. Não poderia falhar.

Glauber perdeu o amigo e ganhou o filme.

Em duas semanas, com a ajuda de Telles, Glauber reescreveu o roteiro e fez uma nova decupagem de *Barravento*, enquanto a equipe esperava em Salvador e em Buraquinho.

Ao contrário de Paulino, Glauber não estava familiarizado com o mundo do candomblé e seus rituais, que tinham imensa importância no filme. Quem o orientou nos mistérios e segredos dos orixás foi o jovem pai de santo Hélio Oliveira, também um talentoso artista plástico.

Hélio era um negro bonito e elegante, de olhos verdes e porte altivo, amigo de Calá e seu colega no curso de gravura na Escola de Belas-Artes. Sua vida daria um filme.

Desenhista desde menino, sua grande inspiração era o mundo do candomblé. Ungido pelos orixás ainda no ventre da mãe, desde criança foi preparado para suceder seu avô Procópio do Ogunjá no comando do terreiro. Com 22 anos, vivia dividido entre suas responsabilidades como babalaô do terreiro e a potência de sua vocação artística.

Na Escola de Belas-Artes, seu estilo nasceu das contradições entre suas origens africanas e os grandes mestres europeus. No terreiro, entendeu que o sacerdócio era um sacrifício permanente que não deixava espaço para a criação artística e a vida mundana.

Filho de Omulu, orixá da saúde e das doenças, das ervas e do oculto, Hélio cresceu como Oxumaré, o orixá seis meses homem e seis mulher. Com ele, Glauber penetrou nos mistérios do candomblé, com os olhos fascinados de uma câmera em busca da verdade e da beleza, e a visão crítica de um pastor protestante apaixonado pela revolução cubana.

Assim que conheceu Glauber, Hélio viu nele um filho de Xangô, orixá do fogo, dos raios e dos trovões. Viril e poderoso, violento e justiceiro, Xangô castiga os mentirosos, os ladrões e os malfeitores com sua cólera e seus raios. Glauber não tinha como discordar, sentia total identificação com seu orixá, dele só invejava os raios. Enquanto aprendia com Hélio, o estimulava a trocar o mundo da fé pelo da arte.

Em *Barravento*, o candomblé seria mostrado por Glauber como o avesso da visão europeia da macumba para turista, com toda a sua força e autenticidade, na beleza selvagem de seus rituais, mas também criticado como um ópio do povo, que o alienava e imobilizava pelo misticismo e o impedia de se conscientizar de sua força e de seu papel revolucionário.

Com Sonia substituída por Lucy Carvalho, Glauber retomou as filmagens, refazendo os takes rodados por Paulino com Sonia. Em Buraquinho, como depois de um barravento, o clima virou, sob o comando de um diretor de 21 anos hiperativo e onipresente, que sabia o que queria. Com muita experiência em dirigir atores, era exigente nos ensaios e os incentivava a improvisar cenas e diálogos.

Até que bateu de frente com o fotógrafo Rabatony, um paulista baixinho, afeminado e enfezado, com formação acadêmica e estágio em Hollywood, que exasperava Glauber com a sua lentidão em iluminar as cenas e as limitações técnicas que impunha, frustrando muitos takes mais arrojados. À medida que filmava, Glauber ia transformando o roteiro, criando novas cenas e movimentos de câmera, fazendo mudanças bruscas durante a tomada. Rabatony não estava aguentando mais. Nem Glauber, que o demitiu aos gritos.

Para substituí-lo, mandou vir de Salvador Waldemar Lima, um excelente câmera de cinejornais, que fotografara *Cruz na praça*. Antes de sair Rabatony brilhou nas suas últimas tomadas, nas cerimônias no terreiro de candomblé, onde Glauber dizia que a emoção da fé popular encontraria as leis da antropologia materialista.

Mas, para não dar o braço a torcer, Glauber dizia que as suas cenas preferidas não eram as do candomblé, mas as dos pescadores na puxada da rede, na luta contra a fome e a opressão.

"Sou apaixonado pelos costumes populares, mas não aceito que o povo negro sacrifique uma perspectiva em função de uma alegoria mística. *Barravento* é um filme contra os candomblés, contra os mitos tradicionais, contra o homem que procura na religião o apoio e a esperança", disse Glauber em artigo sobre o filme no *Diário de Notícias*.

Glauber durante as filmagens de *Barravento*

NUDEZ MA

GIA

E NEGRITUDE

Já no final das filmagens, Glauber foi a Salvador ver Helena e Paloma, sua filha de seis meses, homônima das filhas de Picasso e Jorge Amado. Contou a Rex que faltavam poucos takes, que a fotografia estava maravilhosa, e o filme menos místico e mais político. Mas Rex estava preocupado.

Não havia nenhum nu? Artístico, é claro.

Não, e nem haveria, Glauber não via nenhuma necessidade dentro do roteiro.

Para Rex, ter como estrela um colosso de negra como a linda e sensual Luiza Maranhão sem um nu até frustraria o público. O cinema brasileiro estava ficando adulto, a censura estava mais tolerante para cenas de sexo e nudez, os filmes modernos precisavam de cenas audaciosas. Mesmo se os nus fossem cortados, a imprensa daria grande cobertura, atrairia atenção para o filme, que precisava de muita promoção para acontecer. Era o primeiro e decisivo projeto da trilogia baiana com a Iglu.

Glauber resistia e esbravejava, não queria pornografia no seu filme, não faria um nu só para cortejar o público, o filme era uma reflexão sobre a nossa realidade cultural, política e religiosa.

Mas reconhecia que o amor e o sexo eram as grandes forças que moviam o herói a voltar para salvar sua amada e conscientizar o seu povo. Luiza era mesmo uma mulher monumental, e negra, e desnudaria a discriminação racial no cinema brasileiro, no qual elas só faziam papéis de empregadas e escravas. Luiza transpirava sensualidade e parecia integrada às forças da natureza.

Nervoso e constrangido, mas tentando manter a frieza profissional, Glauber filmou, em noite de lua cheia à beira do mar, o esplêndido corpo preto de Luiza rolando na areia branca de Buraquinho.

Rex ficou eufórico com as notícias. E mais ainda quando viu os copiões. Soube que o fotógrafo Luiz Carlos Barreto, de *O Cruzeiro*, estava na Bahia para cobrir a inauguração da TV Itapoã e o convidou para visitar as filmagens e fotografar Luiza, a nova sensação do cinema brasileiro, em paisagens deslumbrantes.

Domingo em Salvador, sem nada para fazer, Barretão foi. Um dos melhores fotógrafos da maior revista brasileira, era um cearense moreno e grandalhão, falante e desinibido. Com 29 anos, já tinha bastante experiência, mas mantinha um entusiasmo juvenil pela vida em geral e a fotografia em particular. E adorava cinema.

Depois de duas horas sacolejando no jipe com Rex e Helena, que faria uma visita surpresa a Glauber, Barretão chegou a Buraquinho com suas Leicas e Rolleis e se deslumbrou com a luz, o céu e o mar, com os coqueirais batidos pelo vento e as jangadas com as velas abertas cortando as ondas. E com Luiza.

Mal teve tempo de trocar algumas palavras com a deusa de ébano. Sabendo que ele era d'*O Cruzeiro*, Glauber pegou-o pelo braço e começaram uma conversa que entrou pela tarde. As filmagens foram suspensas. Uma reportagem em *O Cruzeiro* era muito mais importante. Uma capa com Luiza, então, seria uma promoção espetacular para o filme. Impressionadíssimo com a beleza e o sex appeal de Luiza, foi um prazer e uma alegria para Barretão fazer as fotos.

Cinquenta e dois dias depois de muita atividade e pouco banho, sem luz elétrica nem água encanada, barbado e tostado do sol de Buraquinho, Glauber encerrou as filmagens e voltou para Salvador.

Depois de intenso lobby de Barretão, Luiza se consagrava como a primeira artista negra na capa da maior revista brasileira. A reportagem criou um clima de interesse por *Barravento*. Glauber e Barretão se tornaram amigos inseparáveis, Rex latia de contente.

Luiz Carlos Barreto, na época repórter fotográfico da revista *O Cruzeiro*

MISTI

E

CISMO
CAFAJESTICE

No início de dezembro a revista *Manchete* dava uma bela foto da atriz Lucy Carvalho raspando a cabeça para um ritual de candomblé numa cena de *Barravento*.

Uma semana depois do fim das filmagens, Glauber teve péssimas notícias sobre Hélio, seu consultor no candomblé. Começara com enjoos, dores e fraqueza, vomitando sangue, e fora diagnosticado com leucemia, como Ana

Marcelina. Estava muito mal, prostrado, recebia inúteis transfusões de sangue, os medicamentos o debilitavam ainda mais. Morreu em um mês.

Boas notícias vinham de Havana, quando Fidel declarava Cuba uma república socialista, abolindo a propriedade privada, estatizando os meios de produção e instituindo o partido único. Glauber vibrou e, através da revista *Cine Cubano*, começou a se corresponder ativamente com Alfredo Guevara, diretor da revista e do Instituto Cubano de Cinema, manifestando seu entusiasmo pelo cinema cubano e pela revolução, mandando fotos e reportagens sobre *Barravento*. Logo na segunda carta já propunha uma troca de *Barravento* por *Historias de la revolución*, de Tomás Gutierrez Alea, embora ainda nem tivesse começado a montar o seu filme.

Em janeiro, imagens fortes na capa colorida de *O Cruzeiro*: a linda atriz argentina Irma Alvarez com a cabeça raspada e o sangue de uma galinha degolada escorrendo pelo seu rosto. Era um ritual de candomblé do filme *O cavalo de Oxumaré*, que estava sendo rodado pelo moçambicano Ruy Guerra em Salvador.

Formado no IDHEC (Institute des Hautes Études Cinematographiques) de Paris, sonho de todo jovem cineasta, Ruy tinha 29 anos e havia trabalhado dois anos como assistente de diretores franceses antes de vir ao Brasil para filmar *O cavalo de Oxumaré*, a convite do produtor Carlos Niemeyer, dono do mais popular jornal da tela, o *Canal 100*. Em Salvador, aprendendo sobre o candomblé e procurando locações, Ruy havia conhecido e trocado ideias com Glauber, com quem encontrara muitas afinidades e iniciara uma amizade, e uma rivalidade, alimentadas pelo cinema.

Culto e inteligente, o barbudo Ruy encarnava uma mistura da cultura francesa de sua formação cultural e a afro-lusitana de suas raízes. Com um nariz fino e clássico, lábios bem-desenhados e olhos escuros e vivos, Ruy era um baixinho charmoso e sedutor, que fazia muito sucesso com as mulheres. Com os homens, gostava de discutir acaloradamente cinema e política, argumentando com veemência, sua cultura cinematográfica e sua experiência em produções francesas. Era durão, dizia-se que preferia perder o amigo a perder a razão.

Quando viu as fotos, Glauber se sentiu roubado. As cenas de candomblé seriam muito parecidas, só que as de *Barravento* em preto e branco, e as de Ruy em technicolor.

Plagiário e colonizador saqueando o Brasil, alienado franco-moçambicano lusocolonialista, escreveu Glauber no jornal, denunciando o roubo de sua ideia. E mandou carta furibunda a *O Cruzeiro* denunciando o plágio e o desrespeito à cultura negra, a exploração do exotismo e do pitoresco para europeu ver.

Pouco depois, Glauber se arrependeria de seu arroubo de ciúmes e reataria com Ruy. As filmagens de *O cavalo de Oxumaré* foram interrompidas e o filme nunca seria concluído.

Glauber não via nenhuma perspectiva de montar seu filme tão cedo. Com pouco dinheiro, a prioridade da Iglu era iniciar a produção de *A grande feira*, dirigido por Roberto. No esquema de rodízio combinado, Glauber produziria e Rex escreveria o roteiro. A total dedicação de Glauber às filmagens e aos problemas de *Barravento* tinha abalado a relação com Helena, que entrou em forte turbulência. Tinha 21 anos, uma filha de seis meses, um casamento ameaçado e um filme inacabado.

Ruy já estava longe, no Rio de Janeiro, era o novo namorado da cantora Nara Leão e rodava *Os cafajestes*, em Cabo Frio, estrelado pela loura Norma Bengell, vedete das revistas de Carlos Machado e uma das mulheres mais bonitas e desejadas do Brasil. Na grande cena do filme, Norma aparecia nua em pelo, de frente, de costas e de lado, numa praia deserta noturna, com seu corpo esplêndido iluminado só pelos faróis do carro de um playboy rodando freneticamente à sua volta, enquanto o seu companheiro a fotografava para chantagear um tio rico. A cena de quatro minutos entraria para a história do cinema brasileiro como o seu primeiro nu frontal. E um espetacular sucesso de bilheteria.

Não fosse falado em português por Norma Bengell, Jece Valadão e Daniel Filho, *Os cafajestes* poderia ser visto como um filme europeu, moderno, audacioso e muito bem fotografado por Tony Rabatony. Era ao mesmo tempo um elogio e uma crítica: *Os cafajestes* estaria mais próximo da nouvelle vague francesa do que do neorrealismo italiano, ou de um novo cinema brasileiro. Glauber não chegou a gostar, mas foi discreto, escrevendo que achou as interpretações excelentes e viu um artesanato que ultrapassava em muito o simples exercício técnico.

A censura também ajudou, tirando o filme de cartaz dois dias depois do lançamento. Entre debates, manifestações de ligas conservadoras e manifestos pela liberdade de expressão, Ruy defendia o filme. A nudez não era erótica, mas crítica, retrato de uma mulher indefesa que era humilhada por dois playboys cafajestes em um estupro visual. Uma semana depois, o filme foi liberado, mas com uma inédita proibição para menores de 21 anos, quando a faixa etária máxima era 18 anos, excitando ainda mais a imaginação coletiva. As filas dos cinemas dobravam o quarteirão.

Nas páginas seguintes, o Cinema Novo em ação no Hotel Miramar, em Copacabana. Da esquerda para a direita: atrás da câmera e gesticulando, Leon Hirszman; de camisa quadriculada, Gustavo Dahl; de camisa branca, Luiz Carlos Barreto; Paulo César Saraceni; Ruy Guerra, de barba; e Joaquim Pedro de Andrade

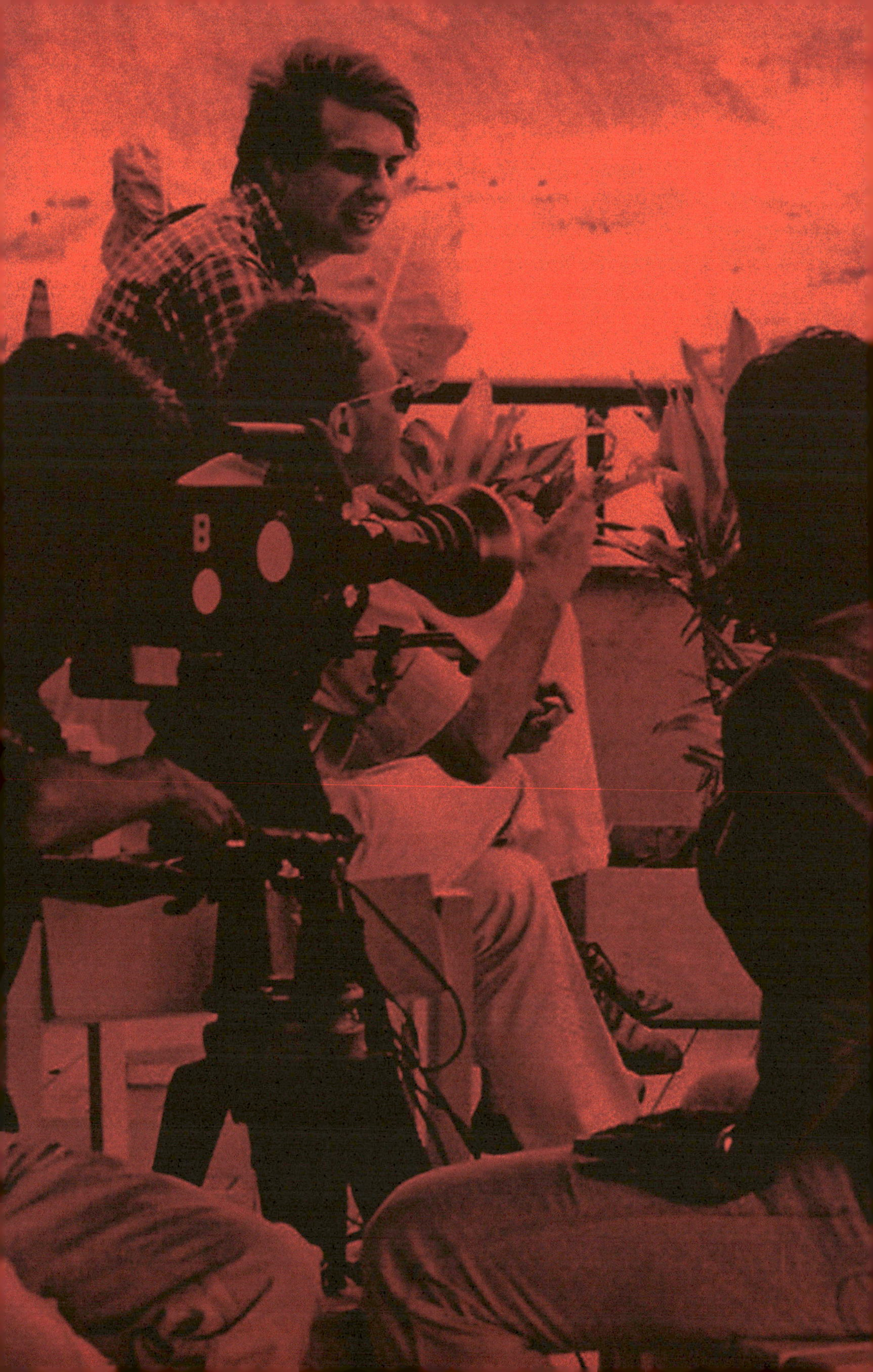

SARTRE
SALV

EM
ADOR

Depois de uma visita a Havana, onde haviam se encantado com Fidel Castro e Che Guevara, o filósofo Jean Paul Sartre e sua mulher Simone de Beauvoir desembarcaram em Salvador no início de abril. Levados por Jorge Amado e Zélia Gattai, foram conhecer a Universidade da Bahia e a Escola de Teatro, onde haviam sido encenadas suas peças *As moscas* e *Entre quatro paredes*. Seus livros *O muro* e *A náusea*

eram leituras obrigatórias para qualquer aspirante a moderno em Salvador. Simone também tinha muitas leitoras e admiradoras entre as moças mais avançadas, adeptas do amor livre, que queriam mais poder e independência para as mulheres.

Mas ninguém sabia que o papa do existencialismo estava na cidade. Na escola, quando foi anunciado que ele iria para o auditório fazer uma palestra e dialogar com os alunos, muita gente pensou que era trote. Menos de trinta estudantes compareceram, entre eles Orlando e Glauber, que durante quatro horas ouviram Sartre, com a ajuda de um tradutor, falar sobre a revolução cubana, os movimentos de libertação nacional e a transformação da sociedade pela confluência do marxismo com o humanismo existencialista, com algumas breves intervenções de Simone. Foi ovacionado de pé.

No fim da tarde, acompanhado por estudantes e professores, Sartre e Simone foram levados ao portão da escola. Com Jorge e Zélia, Simone entrou em um carro, mas Sartre se recusou. Queria andar de ônibus, como o povo. Era muito existencialismo revolucionário para Simone, que foi para a casa dos Amado e deixou Sartre com Orlando e outros quatro estudantes, para que o levassem para um tour de ônibus por Salvador.

Cruzaram os bairros populares do Barbalho, da Soledade, da Liberdade, o Pero Vaz e fizeram uma parada no Curuzu. Impressionado pela negritude e pelo calor humano que via na rua e pela beleza das mulheres, Sartre quis caminhar pelo bairro e trocar ideias com populares, ajudado por um estudante que falava francês. Na volta ao ônibus, comentava com entusiasmo a graça e a sensualidade das moças baianas.

Do centro para o Rio Vermelho, onde morava Jorge Amado, o velho ônibus vinha superlotado. Sartre e os estudantes viajaram de pé, apertados, com cheiros e carnes se misturando, e o filósofo adorando tanto calor e proximidade, entregue ao que chamou de *rituel de corps*.

À noite, no Anjo Azul, Glauber encontrou Orlando e soube do passeio de ônibus com Sartre. Estava no banheiro depois da palestra e, quando saiu, não havia mais ninguém no portão. Certamente era tudo invenção de Orlando.

Glauber no início dos anos 1960

A LOURA
A MO

RENA E A FEIRA

Havana fervia, a correspondência com Alfredo Guevara seguia intensa. O intercâmbio teria que ser adiado, *Barravento* ainda precisava ser montado e Glauber temia que *Historias de la revolución* fosse barrado pela censura brasileira, sempre rigorosa com filmes que pregassem a luta de classes e a revolução social. A produção de *A grande feira* estava começando e o maior problema era a falta de recursos:

"Espero que nosso filme alcance sucesso na Europa, como também espero ajuda de outros países, como a União Soviética, no sentido de que possamos comprar material. Trabalhamos primitivamente, sem recursos, usando câmeras velhas e passando até mesmo fome. Somente o amor ao cinema nos leva até o fim. É uma verdadeira epopeia!"

Enquanto isso, em Salvador, com grande produção e câmeras novas, Anselmo Duarte filmava *O pagador de promessas*, do baiano e comunista Dias Gomes, com Leonardo Villar no papel de Zé do Burro. Um camponês quer entrar com seu jegue na igreja de Santa Bárbara para pagar uma promessa feita a Iansã, que a representa no sincretismo religioso, e enfrenta a intolerância do padre católico.

Depois de ser o galã mais popular e mais bem-pago das chanchadas da Atlântida nos anos 50, Anselmo havia começado sua carreira de diretor três anos antes com a comédia romântica *Absolutamente certo*, despretensiosa e bem-acabada tecnicamente, que foi recebida com boas críticas e ótimas bilheterias. Por tudo isso, Glauber e seus amigos do Cinema Novo o menosprezavam.

Das praias desertas e coqueirais verdejantes ao asfalto quente da cidade grande. Durante março e abril, Glauber produziu e Roberto dirigiu *A grande feira*, em cenários opostos aos de *Barravento*. O roteiro de Rex se desenvolvia como um mosaico da imensa feira popular de Água dos Meninos, onde viviam e trabalhavam milhares de pessoas, com suas histórias de amor e morte e seus dramas cotidianos, em ambientes sujos e violentos, marcados pela injustiça e a exploração.

Nos principais papéis femininos, uma loura e uma negra sensacionais: Helena e Luiza. Nos masculinos, um negro e um louro: Antonio Pitanga, ex-mensageiro da Western Telegraph que Glauber havia revelado como ator em *Barravento*, e o estreante Geraldo del Rey, um bonitão de olhos verdes, vendedor de uma loja de roupas que Roberto descobriu para o estrelato. A pedido do diretor, Geraldo pintou os cabelos castanhos de louro para interpretar o marinheiro Sueco, disputado pela negra de navalha na mão e a loura grã-fina entediada.

Sobre o mundo sem lei da feira e seus personagens se contavam muitas histórias, de capoeiristas diabólicos e mulheres lutando de navalha na mão, de contrabandos, tocaias e tiroteios, mas a favorita de Rex, pelo poder de síntese, era a placa pendurada em um poste no meio da feira, que ninguém ousava retirar:

SE VOCÊ TEM ALGUM DESAFETO
RESOLVEMOS SEU PROBLEMA
EM DEZ PRESTAÇÕES
CHICO DIABO

Embora autêntica, a placa não entrou no filme, por seu potencial efeito cômico. Roberto não queria saber de brincadeiras, *Redenção* só tinha feito sucesso em Salvador, no resto do Brasil fora ignorado. *A grande feira* era sua segunda chance, não cometeria os mesmos erros, teria uma produção mais profissional, com atores mais competentes e

bonitos, para fazer um painel vibrante da luta pela vida na selva urbana. Um neorrealismo baiano, com a câmera na mão, cenários reais e atores recrutados no povo da feira. Em pequenas participações, Calá, Orlando, Paulo Gil e Walter da Silveira.

Com *A grande feira* filmado, Glauber poderia ir ao Rio de Janeiro para montar *Barravento*. Mas antes faria a sua estreia na televisão, como entrevistado do programa *Clube de debates*, apresentado por Heron de Alencar na recém-inaugurada TV Itapoã. O tema da entrevista seria cinema e, como crítico do *Estado da Bahia*, Orlando também foi convidado. Com o programa no ar e para surpresa do apresentador, Orlando foi implacável e intolerante como um inquisidor, bombardeando Glauber com perguntas agressivas e recebendo respostas brilhantes, que destruíam seus argumentos e às vezes até o deixavam em situação constrangedora.

Nem poderia ser diferente, os dois haviam roteirizado juntos as perguntas e respostas, com Orlando levantando as bolas para que Glauber chutasse em gol, defendendo o cinema brasileiro e baiano, e começando a promoção de *Barravento* e *A grande feira*. Na saída do estúdio, Glauber recebeu várias manifestações de apoio, e Orlando foi insultado e quase agredido.

No mesmo estúdio, à tarde, Helena Ignez apresentava o programa *O mundo é das mulheres*. Com a experiência e a irreverência acumuladas na coluna de Krista, provocava polêmicas perguntando a ginecologistas, professoras e damas da sociedade o que achavam da virgindade. Linda, simpática e inteligente, era criticada por sorrir demais ou pela excessiva intimidade com os entrevistados. Afinal, eram todos seus amigos.

Nas páginas a seguir, Geraldo Del Rey e Helena Ignez em cena do filme *A grande feira*

AM

AMIZAD

ORES
ES
E TRAIÇÕES

Com as latas de *Barravento* na mala, Glauber partiu para o Rio de Janeiro com Roberto, que faria a dublagem e a trilha sonora de *A grande feira*. Não havia dinheiro para levar e hospedar Helena, Luiza e Geraldo, que perderiam seus sotaques baianos quando fossem dublados pela catarinense Edla Van Steen e os cariocas Norma Bengell e Jece Valadão.

Glauber também faria as dublagens de *Barravento*, mas

quando abriu as malas viu que tinha esquecido, ou perdido na Bahia, todas as anotações com os diálogos do filme. E como boa parte deles fora improvisada, seria impossível dublar os atores porque não se sabia o que diziam. A solução foi contratar um surdo-mudo craque em leitura labial para decifrar e datilografar os diálogos. Pena que o mudinho fosse carioca e não entendesse o "baianês" dos atores. Só a chegada de um deficiente auditivo baiano permitiu que os diálogos fossem recuperados e dublados.

A Líder Cinematográfica ocupava um velho casarão em Botafogo, sob a sombra de mangueiras e jaqueiras, e o botequim em frente se tornou o principal ponto de encontro do novo cinema carioca. Na Líder e no boteco incontáveis filmes eram montados, dublados e sonorizados, mas principalmente discutidos, planejados e sonhados.

Cacá, Leon, Miguel e Marcos Farias terminavam seus curtas *Escola de samba alegria de viver*, *Pedreira de São Diogo*, *Zé da Cachorra* e *Um favelado*, que se juntariam ao *Couro de gato*, de Joaquim Pedro, no longa *Cinco vezes favela*, coproduzido pelo Centro Popular de Cultura (CPC) da UNE. Uns mais e outros menos, e o lírico *Couro de gato* menos ainda, os curtas se harmonizavam com a visão política do CPC de usar a arte para conscientizar o povo explorado e uni-lo para a revolução. Era esse o papel do intelectual no cinema. Nem diversão, nem entretenimento, nem romance ou fantasia, ou qualquer arte burguesa, o cinema era uma arte revolucionária para transformar a sociedade e mobilizar as massas oprimidas.

Glauber entrava pelas madrugadas na moviola da Líder, tentando montar *Barravento* segundo seus conceitos narrativos dialéticos e não lineares, mas o filme se tornava cada vez mais incompreensível. Até que uma noite, desesperado e exausto, teve uma crise de choro e, gritando que estava tudo uma merda, que nada fazia sentido, jogou o copião na lata de lixo e saiu chorando pela rua. Atraído pelos gritos, Nelson, que estava montando em outra sala, correu, mas não o alcançou mais. Viu o copião no lixo, limpou e guardou. E voltou a montar *O boca de ouro*, de Nelson Rodrigues, que havia filmado com Jece Valadão no papel do bicheiro que é assassinado e tem sua história contada por vários pontos de vista divergentes.

No dia seguinte, Glauber voltou à Líder e encontrou Nelson, que, depois de uma longa conversa no botequim, lhe assegurou que o material era bom e se comprometeu a montá-lo. Noite após noite o filme foi remontado, as sequências reordenadas, os excessos de Glauber minimizados por Nelson. O velho sobrado tremia a cada sequência montada, Glauber comemorava aos gritos pelos corredores, como jogadores que fazem um gol. E não se contentava com a solução do problema narrativo, fazia questão de explicar em detalhes como fora resolvido e fornecer farta base teórica para a sua execução. Aos berros.

Com o casamento abalado e com ele mergulhado na recuperação de seu filme, nas horas vagas Glauber se entregava à esbórnia carioca, nos bares e nas festinhas ao som de jazz e bossa nova, em apartamentos da Zona Sul, onde garotas bonitas encontravam homens inteligentes que pudessem torná-las estrelas de cinema. Em Salvador, Helena morava com Paloma no apartamento de dona Lucia e fazia sucesso com *O mundo é das mulheres* na televisão e começava a ensaiar *Calígula*, de Albert Camus, na Escola de Teatro.

Quando Adamastor entrou em casa, apoplético de raiva com a notícia, e dizendo que ia contar imediatamente para Glauber, toda a Bahia já sabia. Incrédula, Lucinha ligou para Paulo Gil, que, pesaroso, lhe confirmou: Helena tinha um amante. Mas não era nada escondido ou secreto, era público, todo mundo sabia, Helena ia a festas, cinemas e teatros com ele, como se fosse solteira. Era existencialismo demais para Salvador.

Necy viu com seus próprios olhos, Helena feliz e sorridente, saindo do teatro de mãos dadas com Duda, um colega bonitão da Escola de Teatro. Telegrafou para Glauber chamando-o com urgência a Salvador, um problema que só ele poderia resolver.

Glauber veio imediatamente e assim que entrou em casa soube pela mãe que não havia nada com Paloma e que ninguém estava doente ou machucado. Com Necy, confirmou o que tanto temia. Puta, vagabunda, traidora, vou te matar, Glauber gritava e arrancava as roupas de Helena do armário e as pisoteava. Não queria nem ver a sua cara, de tanto ódio poderia matá-la. Estava tão furioso que, temendo o pior, dona Lucia o convenceu a voltar imediatamente para o Rio e esfriar a cabeça. Glauber foi, mas recomendou que não deixassem Helena tirar Paloma de casa.

No Rio, dilacerado de dor e fúria, retomou a montagem de *Barravento* com Nelson. Tinha crises de choro e dizia sentir a morte se aproximando. Escreveu um artigo para o *Jornal do Brasil* negando o cinema.

"Não acredito no cinema. Mas não posso viver sem ele."

Parecia que estava falando de Helena.

Não acreditava mais na arte, só na política, na guerra. Num país subdesenvolvido o único sentido da arte era a revolução, era preciso quebrar tudo, como os barbudos de Havana.

Encontrou em Saraceni, recém-chegado da Itália, o amigo e confidente para suas mágoas de amor e seu orgulho ferido. Helena o fizera um corno público em Salvador. Como um cangaceiro ultrajado, ele queria matá-la; como Nacib a Gabriela, perdoá-la.

Sarra era convidado para muitas festas, gostava de dançar, fazia sucesso com as mulheres, era amigo de Nara Leão e da turma da bossa nova, seria o perfeito guia para as noites cariocas. Foi ele quem o apresentou a Regina Rozemburgo.

Glauber já a conhecia de fotos na revista *Senhor*, que Helena lhe mostrara na Bahia. Com 22 anos, Regina tinha sido Glamour Girl e candidata a Miss Rio de Janeiro pelo Clube Lagoinha, era presença constante nas capas de revistas e nas colunas sociais cariocas. Morena de cabelos pretos e grandes olhos verdes, de perto era ainda mais bonita e atraente, irradiava energia, alegria de viver e liberdade, parecia uma mulher sensual e indomável. Como Helena.

Sábado à tarde, Glauber estava na Líder esperando para remontar algumas sequências de *Barravento* e, sem nada para fazer à noite, telefonou para Regina. E foi convidado para visitá-la em seu apartamento e assistir a *O homem errado*, de Hitchcock, numa cópia de 16mm que ela havia alugado.

Regina morava com os pais em um pequeno apartamento na rua Anchieta, perto da praia do Leme. Glauber se sentiu à vontade, dona

Nilza e seu Rozemburgo eram simpáticos e inteligentes, formavam um bonito casal. Regina tinha um quarto atapetado, com vitrola, telefone e um armário abarrotado de roupas bonitas.

Baixinha, de quadris estreitos, seios redondos e pernas levemente arqueadas, Regina crescia e se iluminava quando falava, dançava ou simplesmente se movia com graça pela sala ou ouvia Glauber em silêncio, olhando-o nos olhos.

O filme era em preto e branco, mas para Glauber, o apartamento ficou todo azulado, com as imagens de Hitchcock se projetando na beleza morena de Regina. Nascia uma bela história de amor, amizade e cumplicidade.

Maravilhado, Glauber falava a Sarra de seu encanto com a voz quente e cheia de entusiasmo de Regina, de ela nunca chorar nem falar de seus problemas, de ser sempre generosa e democrática. Era tanta afinidade e integração que os dois diziam viver um amor incestuoso.

Regina Rozemburgo em Paris, 1958

TURB
DE

ILHA
PAIXÕES

Regina levava uma vida dupla, era assídua nos eventos culturais e nas conferências sobre cinema na PUC, onde ouvia embevecida Glauber falar sobre Buñuel e Eisenstein, e nos circuitos noturnos do society carioca, com suas festas, dondocas e playboys. Parecia estar à vontade em qualquer ambiente, era amiga de Samuel Wainer, dono do *Última Hora*, de Vinicius de Moraes e Rubem Braga, de empresários e políticos, de intelectuais e artistas famosos, sempre cortejada por sua beleza e personalidade.

Glauber estava feliz e fascinado com Regina quando chegou ao Rio de Janeiro, para curta temporada, a elogiada montagem teatral de *Calígula*, do grupo A Barca, de Salvador. Com Helena Ignez no elenco.

Choque de titãs. Helena e Glauber se encontravam pela primeira vez depois da traição e do escândalo. Machismo, opressão, abandono, traição, sexo, mentiras e verdades foram discutidos aos gritos. Glauber insistia em tentar recompor o casamento, afinal tinham uma filha, Helena considerava um jogo perdido. Gostava de Glauber, mas preferia tê-lo como irmão do que como marido — golpe mortal no seu orgulho de macho.

Depois de outros encontros e discussões, finalmente decidiram que, por Paloma, tentariam começar uma vida nova, em um apartamento alugado por Glauber com a ajuda de dona Lucia, que também mandou uma babá de Salvador para cuidar da menina.

Glauber estava quebrado. Não tinha terminado de montar seu filme, escrevia muitos artigos para jornais e revistas, mas quase sempre de graça, não imaginava como nem onde ganhar algum dinheiro. Seu coração estava um pote até aqui de mágoa, não conseguia perdoar Helena nem abandoná-la. Era impossível viver sem ela, indispensável retomá-la do amante baiano. O melhor seria estar longe da Salvador maledicente e provinciana, que saboreava o adultério em praça pública.

Com 21 anos, explodindo de beleza e vitalidade, Helena estava mais leve e esperançosa. Não com a reconstrução do casamento, que sabia inviável, mas com as possibilidades que se abriam para ela como atriz no Rio de Janeiro. Com Glauber, conhecera muita gente de cinema, vários diretores a haviam convidado para seus filmes, mas pelo menos um deles era para valer: um bom papel no policial *Assalto ao trem pagador*, que Roberto Farias dirigiria, com produção e roteiro dele e do fotógrafo Barretão, que, estimulado por Glauber, mergulhava de cabeça no cinema.

Enquanto Helena ensaiava para o filme, Glauber foi a Salvador, mesmo a contragosto. Não poderia faltar à estreia de gala de *A grande feira* no Cine Guarany.

Seria duro. Toda Salvador ali, sabendo do escândalo, olhando atravessado, debochando do corno.

Abrigou-se entre os amigos no cinema, com a ansiedade e a tensão concentradas no filme. No final, não poderia dizer se era bom ou ruim, mas com certeza estava muito orgulhoso dele. E o mais doloroso e perturbador, Helena estava deslumbrante na tela imensa. No dia seguinte, voou para São Paulo, para a abertura da Bienal, onde seriam exibidos os curtas *Arraial do Cabo*, de Sarra e Mário Carneiro, *Couro de gato*, de Joaquim Pedro de Andrade, e *Aruanda*, do paraibano Linduarte Noronha, apresentados pelo grande crítico paulista Paulo Emilio Salles Gomes como o nascimento do novo cinema brasileiro. Estaria longe da Salvador invejosa e mesquinha desde os tempos de Gregório de Matos.

Em São Paulo, os debates foram encarniçados e Glauber quase foi aos tapas com um detrator do novo cinema brasileiro. De volta ao Rio, chegou em casa e encontrou Paloma com a babá. Ninguém sabia de Helena. Glauber ligou para Sarra e pediu o telefone de seu irmão Sérgio, advogado. Quando Helena chegou, de madrugada, Paloma não estava mais em casa. Glauber e Sarra a haviam levado para o apartamento de Regina. Sérgio os chamou de loucos e irresponsáveis, avisou que poderiam ser processados por sequestro. Em desespero, Helena pediu ajuda à sogra. Dona Lucia embarcou no primeiro voo para o Rio de Janeiro, passou uma descompostura nos dois, pegou a neta e voltou para Salvador.

Com Sérgio como advogado, Glauber entrou com uma ação na Vara de Família para tirar de Helena a guarda de Paloma. E ganhou. O juiz propôs e os litigantes concordaram que o melhor para a criança seria confiá-la à sua avó Lucia.

No fim do ano, a turma de Glauber se formava na Faculdade de Direito e ele não poderia faltar. Voou para Salvador e, no salão nobre da Reitoria, assistiu à formatura dos embecados bacharéis Joca, Bananeira e Guerrinha, que seria o orador da turma.

Em longo e inflamado discurso, Guerrinha não citou poetas nem juristas, fustigou o capitalismo e o academicismo e exigiu reformas de base para a educação, em sintonia com as palavras de ordem do Partido Comunista, sob os aplausos e gritos de Glauber, que percorria os velhos rostos acadêmicos num travelling, saboreando o impacto das palavras de Guerrinha.

Depois, como nos velhos tempos, foram festejar no Tabaris. Mas antes passaram na casa de Bananeira, onde ele juntou todos os seus cadernos escolares em um saco de lixo e levou para o cabaré. Diante da turma, amontoou-os na calçada, despejou uma garrafa de cachaça, acendeu um fósforo e flambou o seu passado, sob gritos e aplausos.

Glauber também, mas de outra maneira: com uma crônica no *Diário de Notícias*, dedicada ao discurso desaforado de Guerrinha e às suas emoções conflitantes na formatura de sua turma:

"Muita gente lamentou que eu não tivesse me formado, mas, no fundo, eu estava alegre com isto: satisfeito, vivo na minha profissão marginal de cineasta esperando agir, como Guerra pediu, para o tal Brasil melhor de amanhã. Guerra brilhou numa particular sexta-feira de presente & passado conflagrados, que me exilaram definitivamente de raízes juvenis para o sol pleno e agudo."

Em Salvador, início dos anos 1960

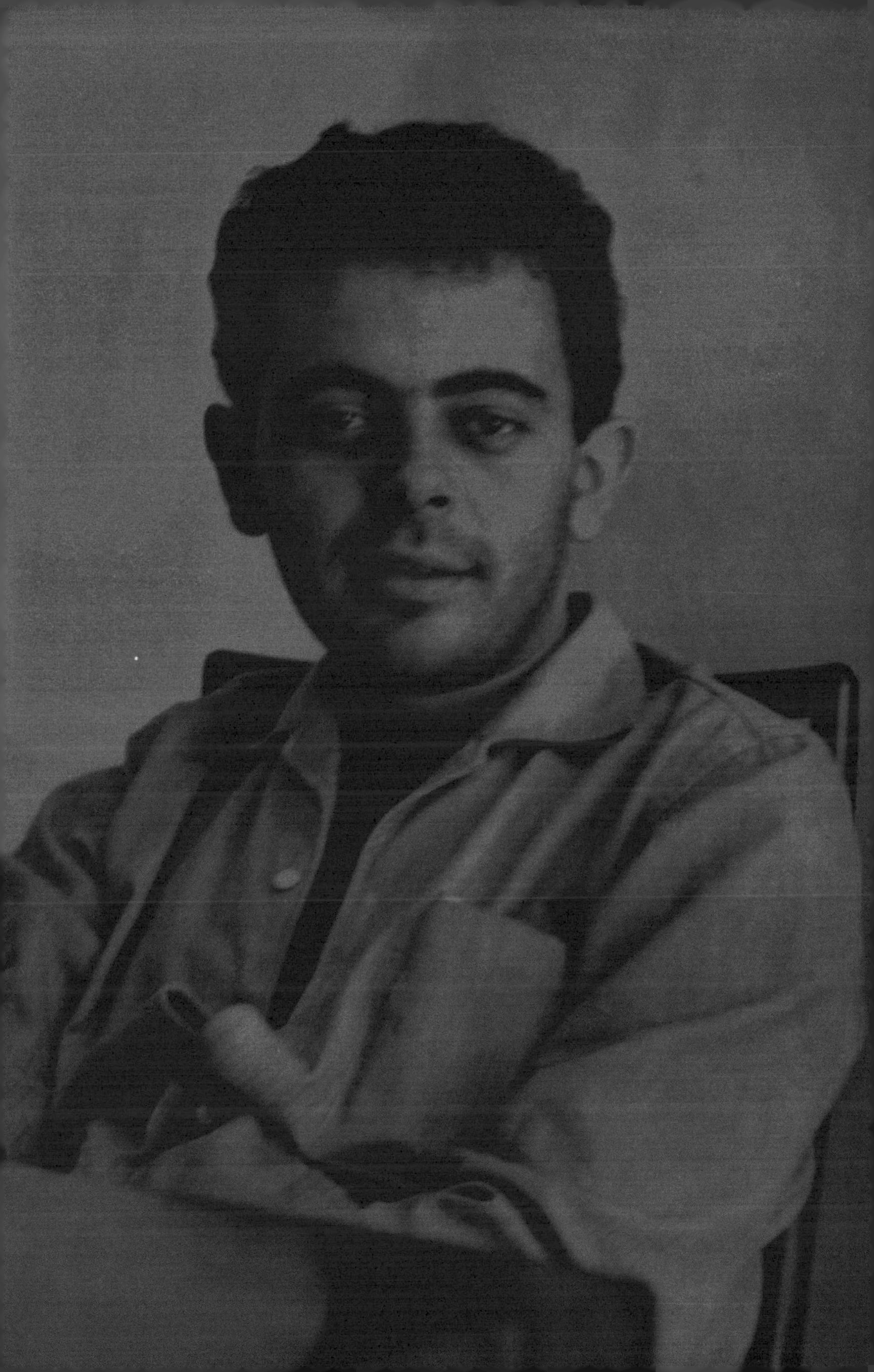

BURU

NA EUROPA

Sob o sol pleno e agudo do Rio de Janeiro, Glauber percorreu escritórios, bancos e órgãos públicos em busca de dinheiro para finalizar e lançar *Barravento*. Com a primeira cópia, muito nervoso, recebeu os amigos para uma projeção na cabine da Líder. Entre os convidados, o fotógrafo Tony Rabatony, que participara de boa parte da filmagem e fora substituído por Waldemar Lima.

Quando o filme terminou, Cacá, Sarra e Davi estavam empolgados. Tony, indignado. Tinha detestado tudo e exigia, aos gritos, que seu nome fosse retirado dos créditos. Cuspindo palavrões, Glauber partiu para cima do fotógrafo, mas foi contido pelos amigos. Enquanto Tony descia as escadas apressado, Glauber cunhava o apelido que o perseguiria no mundo do cinema: Tony Enrabatony.

No *Diário de Notícias*, com uma nota da redação avisando que aquela não era a opinião do jornal, o próprio Glauber fez um longo artigo sobre o filme como uma vigorosa denúncia social e uma afirmação do povo negro.

"Como Vadim, Malle e Bolognini, fiz do sexo um tema importante dentro do tema geral e espero, dentro de minhas modestas possibilidades de 'nouvelle vague caipira', acrescentar alguma coisa na lista quando em longo travelling uma negra fabulosa se despe e toma Aruan pelos flancos quebrando a virgindade do herói. Penso que este será o primeiro herói deflorado do cinema.

"Sem nenhuma vergonha, digo humildemente que poderia fazer de *Barravento* um poema de mar, coqueiros, auroras e exotismo. E de amor. Mas fiz, deliberadamente, uma fotografia da miséria."

Talvez por isso mesmo o filme não tenha atraído grande público. Provocou alguma polêmica na imprensa, mas acabou interessando quase só a jovens cinéfilos e intelectuais de esquerda. Com distribuição restrita a poucas salas, nem a nudez de Luiza Maranhão, fartamente anunciada em jornais e revistas, conseguiu atrair muita gente.

Enquanto isso, *Assalto ao trem pagador*, de Roberto Farias, *O boca de ouro*, de Nelson Pereira dos Santos, e *Os cafajestes*, de Ruy Guerra, receberam críticas favoráveis, boa cobertura de imprensa e enchiam os cinemas.

Vindos do festival de Mar del Plata, o diretor François Truffaut, uma das estrelas da nouvelle vague, e o crítico Louis Marcorelles, do *Cahiers du Cinéma*, resolveram passar uns dias no verão do Rio de Janeiro. Ciceroneados por Nelson, assistiram à estreia tumultuada de *Os cafajestes* no cinema e viram *Barravento* na Líder, ao lado de Glauber. Truffaut ficou emocionado não só com o talento, mas com a precariedade técnica e o entusiasmo dos seus jovens colegas brasileiros. Já o crítico francês, que gostava de emoções gastronômicas fortes, baixou no hospital vitimado por um vatapá.

Visitando Marcorelles ainda internado, Nelson se lembrou de que quatro anos antes quase havia assassinado involuntariamente o maior crítico de cinema da França, talvez do mundo, quando levou Andre Bazin para comer um camarão à baiana no Albamar, em frente à baía de Guanabara. Frágil e já debilitado pela leucemia que o mataria um ano depois, Bazin carregou na pimenta e se empapuçou de camarão. Foi resgatado no hotel por Nelson e levado ao pronto-socorro, desidratado e com uma baita intoxicação. Mas feliz.

Um mês depois da visita de Truffaut e Marcorelles, o cinema brasileiro ganhava pela primeira vez a Palma de Ouro do Festival de Cannes com *O pagador de promessas*, de Anselmo Duarte, derrotando *O eclipse*, de Antonioni, e *O anjo exterminador*, de Buñuel. Integrante do júri em Cannes, Truffaut foi o grande articulador da premiação do *Pagador*. Aproveitando uma polarização dos jurados entre os filmes dos mestres Buñuel e Antonioni, trabalhou por um *tertius* que seria um estímulo ao cinema do Terceiro Mundo. E depois comemorou junto com os brasileiros.

Na volta ao Brasil, Anselmo e o elenco foram recebidos em São Paulo como se tivessem ganhado uma Copa do Mundo, desfilando em carro aberto pela cidade. Impulsionado pelo prêmio, o filme fez sucesso espetacular de crítica e público, era aplaudido de pé no final das sessões lotadas, como se fosse teatro.

Glauber trabalhava na terceira versão de *A ira de Deus*, um roteiro sobre cangaceiros e beatos que vinha escrevendo desde 1959, quando leu *Cangaceiros*, de José Lins do Rego, e uma série de reportagens sobre o cangaço no *Jornal da Bahia*.

No Rio, com *Barravento* pronto, reencontrou o jovem diplomata Arnaldo Carrilho, louco por cinema, que havia conhecido nas filmagens em Buraquinho. Carrilho levou o filme para a comissão de seleção do Itamaraty, onde eram escolhidos os candidatos brasileiros que seriam enviados aos festivais europeus.

A projeção foi desastrosa. O filme, já denso e complexo, com o som quase sempre fora de sincronia com a imagem, era incompreensível. Quando a luz acendeu, o longo silêncio foi quebrado pela voz do embaixador Lauro Escorel, presidente da comissão:

"Que horror, que horror!"

Ficou evidente que, por sua precariedade técnica e temática polêmica, o filme não seria enviado a Cannes, Veneza ou Berlim, mas a política de estimular novos artistas poderia levar a comissão a indicá-lo para algum festival de segunda linha, nos países comunistas do Leste Europeu.

Com passagem só de ida do Itamaraty e 300 dólares no bolso, Glauber partiu com *Barravento* para Karlovy-Vary, na Tchecoslováquia, onde Nelson estivera com *Rio, Zona Norte* um ano antes.

Era a primeira vez de Glauber na Europa, numa cidadezinha medieval a 80 quilômetros de Praga, que promovia a décima sexta edição de seu festival de cinema.

No final, o italiano Pier Paolo Pasolini ganhou o *Globo de Cristal* com *Accatone* e Glauber recebeu eufórico o *Opera Prima* dos estreantes com *Barravento*. No anúncio da premiação, o locutor tcheco chamou-o de "Glauburu", e ele gostou tanto que passou a se apresentar assim a todos que conhecia no festival, mandou cartas e postais aos amigos no Brasil contando a vitória épica e assinando Glauburu. Abreviado para Buru, se tornaria um apelido exclusivo dos íntimos ao longo de sua vida. Além do prêmio e de um breve romance com uma bela atriz tcheca, o melhor do festival foi se tornar amigo de Pasolini.

Buru foi de trem para Roma, se encontrar com jovens cineastas que tinham sido colegas de Saraceni no Centro Sperimentale di Cinema. O bar Rosati, na Piazza del Popolo, era o ponto de encontro da turma, onde bebiam tonéis de vinho e viravam noites discutindo cinema, e mudando o mundo. Ficou amigo de Marco Bellochio, Gianni Amico e Bernardo Bertolucci, a estrela da turma aos 22 anos, pelo sucesso de seu primeiro filme, *La Commare Secca* (*A morte*), um roteiro de Pasolini sobre a investigação do assassinato de uma prostituta.

Depois de alguns dias em Roma, Buru recebeu uma carta de Regina, de Paris, cheia de saudades e dizendo que estava triste e sofrendo porque tinham lhe contado que ele estava de caso com uma atriz tcheca, ou polonesa.

"Ninguém nos separará. Eu te amo. Me sinto feliz. Sou mulher. Mas estou com saudades de amar."

Buru pegou um avião para Paris, Regina foi esperá-lo no aeroporto de Orly. Num pequeno hotel de Montmartre, se amavam ao som de Vivaldi rodando na vitrolinha de Regina. Respiravam cinema, comiam e bebiam nos bistrôs com gente de cinema, muitas vezes viam três filmes num dia. Buru pensava em *A ira de Deus* e só via Regina no papel da Rosa. Seria como os diretores da nouvelle vague, Goddard, Truffaut, Vadim, que faziam de suas mulheres estrelas da tela. Interpretando uma sertaneja, a cosmopolita Regina se tornaria uma estrela internacional.

Em Paris, depois de uma longa conversa sobre cinema, Samuel Wainer disse que iria produzir um filme de Alain Resnais, que havia se consagrado com o ultracabeça *O ano passado em Marienbad*. E pior: querendo ser gentil, convidou Buru para ser assistente de direção. Porra! Mesmo só tendo feito *Pátio* e *Barravento* era um diretor, a proposta revelava uma mentalidade colonialista, e Buru se sentiu insultado. Se quisesse mesmo ajudar o cinema no Brasil, Samuel deveria produzir um filme seu. Ou de Nelson.

Um dos maiores sonhos de Buru era conhecer Cuba e sua revolução, mas, quando finalmente chegou a passagem Praga-Havana-Praga enviada por seu amigo epistolar Alfredo Guevara, do Instituto Cubano de Cinema, não tinha mais tempo nem dinheiro e se desculpou por escrito:

"Quando cheguei a Paris, tinha perdido todos os meus dólares, não tinha um vintém, tenia HAMBRE e não podia voltar a Praga, llegar a Havana sem dinheiro, retornar a Praga e de lá ao Brasil."

Gianni Amico levou *Barravento* para a Resenha do Cinema Latino-Americano, em Sestri Levante, e o filme provocou espanto e encanto. De volta a Roma, promoveu uma sessão para personalidades do mundo cultural, e o grande romancista Alberto Moravia se impressionou tanto que lhe dedicou uma longa e entusiasmada crônica na revista *L'Espresso*:

É um dos filmes mais belos que temos visto ultimamente. Particularmente o que mais impressiona no filme de Glauber Rocha é o fato de que a magia não é representada como um fenômeno folclórico mas como uma tentação, um fascínio e um desejo de retrocesso e anulação.

Era um golaço, porque Moravia tinha mais prestígio do que qualquer crítico cinematográfico. Para melhorar, o comilão Louis Marcorelles exaltava *Barravento* e *Porto das Caixas*, de Saraceni, no *Cahiers du Cinéma*. Era o Cinema Novo surfando na onda da nouvelle vague.

Uma crítica entusiástica do inglês Richard Roud levou *Barravento* para o Festival de Cinema de Londres. "Imaginem o inimaginável, uma combinação do *La terra trema* de Visconti e do *Tabu* de Murnau."

Regina voltou ao Brasil e começou um namoro com o playboy e empresário paulista Wallinho Simonsen, herdeiro de um império econômico que incluía a Panair do Brasil e o fazia um dos homens mais ricos do país.

Em Paris, quando o dinheiro acabou, Buru conseguiu ser repatriado pela Embaixada, com uma passagem da Panair, e o compromisso de pagar 25% do valor no Brasil.

De volta a Salvador, em três semanas Glauber reuniu seus artigos e críticas dos últimos anos, reescreveu alguns e escreveu novos, fazendo uma rigorosa análise histórica, estética e política do cinema brasileiro, desde Humberto Mauro e *Ganga bruta*, nos anos 30, até seu momento atual. Em *Revisão crítica do cinema brasileiro*, Glauber estabelecia as bases teóricas e formulava as estratégias de atuação do Cinema Novo.

Com origens, formações, estilos e objetivos pessoais tão diversos, só havia em comum entre aqueles jovens o amor ao cinema e a amizade, unidos e ampliados pelo entusiasmo e a mobilização permanente de Glauber.

Nelson Pereira dos Santos, que no livro é reconhecido como um dos pais fundadores do movimento, quando perguntado sobre a nova escola, fazia humor e justiça:

"Cinema Novo é quando Glauber está no Rio de Janeiro."

Glauber amava Necy como a si mesmo, no feminino. Estava sempre atento aos seus passos, suas roupas e suas companhias, vigiando-a e protegendo-a das más intenções dos homens. E quando voltou da Europa não gostou nada das novidades que a irmã lhe contou.

Necy tinha 18 anos quando viu o alemão Hans pela primeira vez. Louro, atlético, de olhos azuis, era motociclista de um grupo de acrobatas que viera se apresentar em Salvador. Como em um filme, quando o viu atravessar de moto os 100 metros de um cabo de aço esticado entre o Farol da Barra e o Edifício Oceania, ficou perdidamente apaixonada. E também estava louca para sair de casa e da vigilância dos pais e de Glauber.

Hans tinha se apaixonado pela Bahia e perdido o navio de volta para a Europa, vivia feliz em Salvador havia alguns meses e já falava um português razoável. E também ficou louco com a moreninha de lábios carnudos e olhos brilhantes. A família não gostou muito do pretendente, mas Necy estava decidida: namoraram, se casaram e foram morar no Rio de Janeiro. Hans também era cinegrafista e, com suas habilidades atléticas e a paixão pelo risco, trabalhava como câmera de cinejornais e documentários, em filmagens perigosas na Amazônia e no sertão. E bebia todas.

Glauber trabalhava no quinto tratamento do roteiro de *A ira de Deus* e ouvia Shubert nos braços alvos de Gerta, uma alemã do Rio Grande do Sul, violinista da orquestra da Universidade da Bahia. A Sarra confidenciava que estava amando Gerta e que ficaria com ela.

"Ela é simples, diáfana, musical, sem ambições e problemas e gosta de mim de *puro amore* total, sem brigas, psicologia, ciúme, futuro, nada. Imagine, é como só música barroca de Corelli, o amor pelo amor."

Depois de oito versões diferentes, o roteiro estava pronto, Glauber decidiu que iria filmá-lo em Monte Santo, no coração místico do sertão baiano. E mudou o título para *Deus e o diabo na terra do sol*.

Em sua primeira viagem à Europa, 1962

O PROD

UTOR
ACIDENTAL

Jovem playboy conhecido das colunas sociais, Luiz Augusto Mendes, o Gugu, era filho de um rico fazendeiro e político baiano. Seus ídolos eram outros playboys, o paulista Baby Pignatari e o carioca Jorginho Guinle, que tinham carrões, eram convidados para as melhores festas e namoravam as estrelas de cinema e as mulheres mais bonitas do Brasil.

Grandalhão, extrovertido e bem-relacionado na sociedade

soteropolitana, Gugu já não precisava do dinheiro da família, faturava gordas comissões em negócios imobiliários. Por comodidade, ainda morava com os pais, mas mantinha um apartamento no Hotel da Bahia, o maior e mais moderno da cidade, como ninho de amor.

Festeiro, mulherengo e espalhafatoso, um dos números mais conhecidos de Gugu era chegar bêbado de madrugada, subir na calçada do hotel e adentrar o imenso salão acarpetado ao volante do seu Chevrolet 61.

Estacionava em frente à recepção e dava duas buzinadas. Saía do carro, entregava as chaves a um porteiro para estacioná-lo e pedia à recepcionista a chave do seu apartamento, distribuindo sorrisos e gorjetas. E trocando as pernas.

Mas a vida de Gugu mudou depois de assistir à montagem da comédia *Society em baby-doll*, de Henrique Pongetti, que iniciava uma turnê pelo Nordeste. Ficou louco com a jovem atriz carioca Yoná Magalhães, uma morena belíssima, de corpo espetacular, que aparecia de baby-doll no palco. Depois do espetáculo, nos camarins, Gugu se desmanchou em elogios e convites, amavelmente declinados por Yoná. No dia seguinte, quando chegou ao teatro, ela encontrou seu camarim tomado por várias dúzias de rosas. E cartões apaixonados de Gugu.

Yoná gostou, mas fez jogo duro, era comprometida no Rio, estava começando uma carreira no teatro e na TV Tupi. O pai de Gugu queria casá-lo com a filha do ex-governador Antonio Balbino e selar com sangue uma aliança política. Mas Gugu estava perdidamente apaixonado, abandonou as farras e os negócios e seguiu com Yoná para as apresentações em Aracaju, Maceió, João Pessoa, Recife, Natal e Fortaleza. Yoná não queria saber de aventuras e temia a fama de conquistador do playboy. Só casando. Para mostrar que era sério, Gugu enfrentou a ira do pai e soltou a bomba: ia se casar com uma atriz, que para o velho patriarca equivalia a meretriz. Gugu sobreviveu à fúria paterna e Yoná só foi ao Rio de Janeiro fechar a casa e buscar suas coisas para começar vida nova em Salvador.

Sem conhecer ninguém no meio teatral baiano, seria difícil para Yoná prosseguir em sua carreira, mas Gugu prometia ajudá-la com seus contatos na imprensa e na cena artística. Conseguiu um espaço na TV Bahia e começou a produzir *Teatro ao vivo*, um programa semanal com adaptações de peças teatrais dirigidas por Maciel e estreladas por Yoná.

Maciel estava recém-chegado de uma temporada de dois anos estudando teatro nos Estados Unidos, com uma bolsa da Fundação Rockefeller, descolada por Martim Gonçalves, com o compromisso de na volta dar aulas na Escola de Teatro.

Mal chegou foi logo se encontrar com Glauber, que lhe mostrou o roteiro de *Deus e o diabo*. Maciel ficou impressionado, o texto era todo detalhado, com as sequências estudadas, inteiramente decupado plano a plano. Até as músicas que entrariam pontuando e comentando a história estavam com as letras prontas, no estilo dos cegos violeiros.

O vaqueiro Manuel, explorado e humilhado, mata o Coronel e foge com a mulher, Rosa, primeiro para o fanatismo religioso, e depois para o cangaço. Glauber tinha duas opções para o final, a primeira mais política, com o vaqueiro Manuel, depois de se tornar um místico e um cangaceiro — e se frustrar nos dois caminhos —, encontrando o seu destino e se engajando na luta das Ligas Camponesas; a outra era mais poética, em aberto, com Manuel e Rosa fugindo da sua miséria, da miséria do sertão, e correndo até alcançar o mar, a versão preferida de Maciel.

Yoná passou a frequentar o curso de interpretação na Escola de Teatro e, sabendo disso, Glauber pediu a Maciel para encaminhar o roteiro a Gugu, na esperança de encontrar um produtor para o filme. Poderia até dar a Yoná o papel de Dadá, mulher do cangaceiro Corisco. O de Rosa, jamais, porque estava prometido para Regina.

Quando começou a escrever o roteiro, Glauber pensava em Helena como Rosa. Mas depois de tudo que havia acontecido, só conseguia imaginar Regina na personagem. E a convenceu de que, mesmo sem formação teatral e sem nenhuma experiência de atriz, com sua beleza e sua expressividade natural, e sob a direção dele, ela seria a Rosa perfeita. Só ela poderia fazer o papel.

Gugu e Yoná leram o roteiro. E gostaram muito. Só havia um problema.

"Dadá é uma coadjuvante. E Yoná é uma estrela. Se o papel de Rosa não for dela, é o mesmo que você me pedir para assinar o divórcio", o apaixonado Gugu não tinha alternativas.

Nem Glauber.

E assim, o playboy da província se tornou o produtor do revolucionário *Deus e o diabo na terra do sol*. Não seria difícil para Glauber conseguir um bom desempenho de Yoná, que era belíssima e tinha experiência teatral. Difícil seria contar para Regina e enfrentar a ira da deusa.

Recém-casada com o empresário paulista Wallinho Simonsen, um dos homens mais ricos do Brasil, Regina gritou, xingou e amaldiçoou Glauber. Grande exportador de café, dono da Panair e da TV Excelsior, Wallinho era um empreendedor progressista muito bem-relacionado com o governo João Goulart e com os principais políticos e empresários brasileiros. Glauber aproveitava para lhes mandar instruções por intermédio de Regina: "Se você encontrar o Jango, diga a ele para..."

Generosa e sem ressentimentos, Regina logo perdoou Glauber e ainda conseguiu que Wallinho contribuísse para a produção do filme.

Com Luiz Augusto Mendes, o Gugu, em Cannes, 1964

LUZ
CÂME

RA

PRESSÃO

Com a definição da atriz que interpretaria Rosa, o elenco ficava completo: Geraldo del Rey seria o vaqueiro Manuel; o galã baiano Adriano Lisboa, a primeira escolha para o cangaceiro Corisco, desistiu na última hora para filmar *O crime do Sacopã* no Rio com Roberto Pires e foi substituído, com muita vantagem, por Othon Bastos, um ator refinado, que estudara teatro em Londres e tinha sólida formação brechtiana; a talentosa atriz baiana Sonia dos Humildes seria Dadá; Lídio Silva, que não era ator, mas um carpinteiro que Glauber achava muito expressivo e usara num papel em *Barravento*, interpretaria o beato Sebastião; e o carioca Maurício do Vale, um grandalhão barbudo, cabeludo e barulhento, que fazia papéis de bandido em chanchadas, viveria Antonio das Mortes, o matador de cangaceiros, de chapelão, capa comprida e espingarda na mão.

Para fotografar, Glauber chamou Waldemar Lima, que substituiu Tony Rabatony em *Barravento*, ganhando a sua gratidão e confiança. Além do talento e da competência, Waldemar estava muito familiarizado com a luz áspera do sertão.

Glauber era fascinado pela "luz atlântica" que banhava a Bahia e sustentava que era de uma intensidade inimaginável pelos fabricantes de filme virgem do Primeiro Mundo, porque subvertia os diafragmas das câmeras e as emulsões das películas.

No Rio de Janeiro, Glauber conheceu e logo se tornou amigo de um jovem e brilhante crítico de cinema do *Correio da Manhã*, Walter Lima Junior, um niteroiense magrelo, com óculos de lentes grossas, que compartilhava com Glauber a paixão pelo cinema e pela polêmica. E sabia as trilhas sonoras de todos os filmes. Cria do legendário crítico Moniz Vianna, Waltinho amargava a frustração de sua primeira experiência com cinema de verdade, como assistente de direção do longa *Marafa*, baseado no livro de Marques Rebelo, dirigido pelo italiano Adolfo Celi, que naufragara depois de poucos dias de filmagem.

Na Cantina Fiorentina, em frente ao mar de Copacabana, Glauber estava preocupado: Vladimir Herzog, que seria seu assistente de direção, ganhara uma bolsa para estudar televisão na BBC de Londres e estava de partida. E as filmagens começavam dentro de três dias na Bahia. Waltinho se ofereceu como quem não quer nada, disposto a tudo. Glauber topou na hora. Viajariam em dois dias, de ônibus, 24 horas de estrada.

Enquanto Glauber roncava afundado na poltrona, com as pernas no encosto do assento da frente, Waltinho leu pela primeira vez o roteiro de *Deus e o diabo*, que já havia se chamado *A ira de Deus*, *Viva a terra*, *Rebelião agrária* e *Rebelião camponesa*. E gostou muito. Uma das poucas discordâncias era em relação à ideia de Glauber de usar músicas de Brahms e Beethoven nos cenários do sertão. Waltinho imaginava as cenas ao som de Villa-Lobos, com sua brasilidade sinfônica e moderna. Glauber não era muito ligado em música em geral e mal conhecia Villa-Lobos, embora Saraceni também lhe falasse muito dele, e ficou muito interessado em ouvi-lo.

Numa produção modesta, assistente de direção era um eufemismo para braço direito, pau para toda obra, faz-tudo no set. Waltinho deveria organizar os planos de filmagem, trabalhar com Glauber no roteiro e no fim do dia datilografar relatórios com cada cena rodada em todos os detalhes. Além de ficar de olho na continuidade. O outro assistente seria Paulo Gil, amigo de Glauber desde as Jogralescas, com seu conhecimento do cangaço e de dramaturgia. Além dos cenários e figurinos, seria o responsável pela preparação dos figurantes e a supervisão dos diálogos.

Paulo Gil estava preocupado com a qualidade do maquiador que levariam, principalmente pelas cenas de sangue e do esfolamento de um vaqueiro. E também com a sequência do assalto dos cangaceiros à fazenda, que previa a presença de moças nuas. O bom-senso recomendava que levassem as garotas de Salvador, porque a experiência lhe ensinara que nenhuma moça do interior, e muito menos do agreste baiano, topa ficar nua diante de uma equipe de homens. Nem putas aceitam. As mulheres nuas acabaram cortadas do roteiro.

Dificuldades de produção fizeram as filmagens atrasarem por um mês. Em Salvador, Waltinho e Paulo Gil percorreram todas as lojas de discos da cidade na busca infrutífera por gravações de Villa-Lobos. Numa tarde chuvosa, foram à discoteca da Aliança Francesa, e, enquanto Paulo Gil distraía a atendente, Waltinho surrupiava uma seleção de LPs de Villa-Lobos para debaixo de sua capa de chuva. Dali para diante suas bachianas, choros e cantilenas seriam a trilha sonora diária não só da casa de Glauber, mas de toda a vizinhança, até a partida para Monte Santo.

Depois de dois anos de brigas e bebedeiras, o casamento de Necy e Hans ia de mal a pior. Ele sempre viajando, ela cada vez mais infeliz e solitária. Morava no Rio, mas em uma temporada em Salvador conheceu o jovem Caetano Veloso, que também adorava cinema, poesia, bossa nova e Chet Baker. E ainda era fã de Glauber.

Desde seus 17 anos, quando morava em Santo Amaro da Purificação, Caetano adorava cinema e ouvia falar em Glauber, três anos mais velho, como uma estrela da cena artística de Salvador. Tinha até escrito um artigo muito elogioso a *Barravento* no *Diário de Notícias*. Frequentador assíduo das sessões do clube de cinema de Walter da Silveira, Caetano viu Glauber pela primeira vez como convidado de Walter para fazer a apresentação do drama *Umberto D.*, de Vittorio de Sica.

Para surpresa geral, em vez de falar das qualidades e da importância do que iriam ver, Glauber desancou o filme. Com uma irreverência, um brilho e uma veemência que encantaram Caetano, contrapôs o "sentimentalismo piegas" de De Sica à secura neorrealista de seu mestre — e agora amigo — Rossellini. Apresentado a Glauber por um amigo, Caetano o reencontrou inúmeras vezes, mas ele apenas estendia sua mão mole, e não o reconhecia.

Glauber era um mito para Caetano, que via o seu estilo como se Orson Welles e Marlon Brando tivessem incorporado num jagunço visionário do sertão da Bahia. Mas era doce quando sorria, espremendo os olhos esbugalhados e desfazendo a atmosfera expressionista do seu olhar incisivo e triste, "trazendo um abandono contagiante e um jato de pureza que desintegrava a teia de esperteza e fúria que sua presença tecia o tempo todo".

Caetano tinha 20 anos e nenhuma experiência amorosa quando conheceu Necy e ficou maravilhado, viu-a como uma mulher visceral e espontânea, linda e muito engraçada. Marcaram um encontro, na rampa do Mercado Modelo. Necy disse que iria lhe mostrar a coisa mais linda da Bahia. Na beira do mar chamou um garoto com um barquinho, que os levou até o forte de São Marcelo, a 300 metros da costa.

Construído sobre uma ilhota de arrecifes e tombado pelo Patrimônio Histórico, o velho forte colonial era uma construção circular com um pequeno cais, de onde se tinha uma rara e deslumbrante visão de Salvador iluminada de um lado e da baía de Todos os Santos de outro. Necy contou a Caetano que seu casamento tinha sido uma ilusão e que estava mais dependente da família do que nunca; ele ficou fascinado com os seus dentes brancos como coco e os seus lábios carnudos como uma fruta, com seu sorriso espremendo os olhos como Glauber, e conheceu a sua primeira mulher. A coisa mais linda da Bahia.

Não havia tempo a perder, se quisesse ver *Deus e o diabo* concorrendo no Festival de Cannes, Glauber tinha dez meses para botar o filme na lata. Seu mestre Nelson Pereira já estava começando a montar *Vidas secas* no Rio. Pelas notícias que vinham do bar da Líder, seria uma obra-prima à altura do clássico de Graciliano Ramos, e um forte concorrente.

Na mesma região de Monte Santo, na desolada vila de Milagres, Ruy Guerra terminava as filmagens de *Os fuzis*, um drama sobre quatro soldados que escoltam um caminhão de alimentos para uma vila assolada pela seca. Assim que soube, Glauber encarou como uma provocação e reclamou furioso no jornal da invasão estrangeira em seu território, mas, preocupado com seu filme, logo esqueceu. Com fotografia sofisticada do talentosíssimo argentino Ricardo Aronovich, uma boa produção e a elaborada mise-en-scène de Ruy, *Os fuzis* certamente iria fazer barulho em qualquer festival.

Durante as filmagens de *Deus e o diabo na terra do sol*, em 1963

A PRIN

DO

CESA SERTÃO

Depois de oito horas de viagem de jipe, exaustos e cobertos de poeira, Gugu e Yoná chegaram ao "coração místico do sertão baiano". Ao longo da viagem, o motorista falastrão lhes deu um curso completo sobre a história, as lendas e os mistérios de Monte Santo. Fundada no fim do século XVIII por um padre capuchinho, na mesma região da Canudos de Antônio Conselheiro, a vila foi chamada de Santíssimo

Coração de Jesus de Nossa Senhora da Conceição de Monte Santo. Com a fama de cidade sagrada, logo se tornou um centro de romarias, atraindo multidões de peregrinos na Semana Santa e no Dia de Todos os Santos. Entoando benditos e ladainhas, eles percorriam, muitos de joelhos e com pedras na cabeça, os 3 quilômetros do caminho de pedra até o santuário, 500 metros acima da cidadezinha.

No alto do morro, sempre batido pelos ventos, o santuário e a visão panorâmica e deslumbrante da vastidão das chapadas e tabuleiros, cercados pelas serras verdes nas brumas da distância.

Além da remissão dos pecados e da esperança aos aflitos, o Monte Santo oferecia um dos bens mais preciosos do sertão, uma nascente de água no sopé do morro, a Fonte da Mangueira. Foi lá, no final do século XIX, que as tropas federais se aquartelaram às vésperas da batalha final em que destruíram Canudos.

Antes de se tornar o legendário cangaceiro Lampião, Virgulino Ferreira percorria a região levando mercadorias em tropas de burros. Depois, como rei do cangaço, teve confrontos sangrentos com o coronel Aristides Simões, fazendeiro e chefe político de Monte Santo.

O ar estava impregnado de memórias de cangaceiros e beatos, de vaqueiros e fazendeiros, de miséria e fanatismo. De Deus e do diabo na terra do sol.

Toda a equipe técnica do filme cabia em uma Rural Willys, dirigida pelo motorista "Marrom": o fotógrafo Waldemar Lima, seu assistente Eufrásio, o diretor de produção Agnaldo "Siri" e o maquinista Roque.

Embora só fosse começar a filmar as cenas de Rosa na semana seguinte, Glauber havia pedido a Yoná que chegasse antes a Monte Santo, para se livrar da carioquice e se impregnar da aridez e da aspereza da cultura, do sotaque e dos ambientes da região.

A produção hospedou os homens em uma casa que recebia os romeiros e as mulheres em outra, alugada dos padres. A estrela Yoná ficaria num sobradinho do Juiz de Direito, que era filho de um padrinho de Gugu.

Preocupado com o conforto de sua deusa, Gugu logo descobriu que o padre tinha uma casa muito melhor, ao lado da igreja. Fez uma proposta irrecusável e o padre se mudou temporariamente para a casa de uma das beatas que, diziam as fofocas locais, lhe prestava serviços de cama e mesa. As demais continuariam a serviço de Yoná na residência paroquial durante toda a filmagem.

Com a pele muito branca e os cabelos negros descendo pelos ombros, sempre de óculos escuros e chapéu, envolta em véus para protegê-la do sol do sertão, Yoná era a mulher mais linda e misteriosa que Monte Santo já vira. Era bela como uma santa, uma madona, uma princesa.

Logo correu a lenda, não só em Monte Santo, mas nos vilarejos vizinhos, de que Yoná era uma princesa de verdade e que Gugu cobrava dez cruzeiros de cada pessoa que quisesse entrar na casa e vê-la de perto por alguns segundos. Uma multidão curiosa cercava a casa paroquial.

Para tentar serenar os ânimos, o padre teve que celebrar uma missa, com Yoná de corpo presente, e dedicar o sermão a explicar aos fiéis que ela não era uma princesa, mas uma atriz, embora ali ninguém soubesse o que era uma atriz. Ninguém ali sabia o que era uma peça de teatro e nem mesmo uma pantomima circense. Como seria ainda mais difícil explicar o que era um filme, o padre disse simplesmente que ela fazia parte de um grupo de visitantes que iria passar uns dias tirando fotografias na cidade e na colina sagrada. Graças às feiras e aos fotógrafos ambulantes que percorriam o sertão, a fotografia era familiar a todos e não assustava ninguém. E convidou o povo a conhecer Yoná de perto, cumprimentá-la, falar com ela, que era uma moça de muito boas maneiras e temente a Deus.

E uma longa fila se formou sob o sol a pino na praça em frente à igreja para conhecer, de graça, a princesa que tirava fotografias.

Yoná estava disposta a enfrentar com estoicismo as exigências atléticas e dramáticas do papel. Só se recusaria a cortar as suas longas unhas de Joan Crawford e adaptá-las ao estilo rústico da sertaneja Rosa. Nem Glauber a convenceria.

Yoná Magalhães em cena do filme *Deus e o diabo na terra do sol*

CANGA
BEATOS
LEITE

ÇEIROS
E
EM PÓ

Monte Santo tinha cerca de mil habitantes e os mais velhos ainda se lembravam dos tempos de Lampião e de Antônio Conselheiro. Com a chegada da equipe de filmagem, a cidade, mergulhada em profundo clima místico, acordou de sua letargia e passou a viver entre a fantasia, o mito e a realidade. Quando Othon apareceu na praça vestido de Corisco, houve uma correria, muitas janelas se fecharam e muitas velas foram acesas. Uma velhinha gritou:

"Meu Deus! O Diabo Louro voltou para Monte Santo!", e correu para casa.

Terror ainda maior provocou a aparição do gigante Antonio das Mortes no boteco, de espingarda na mão, suando debaixo da capa e louco para tomar uma cerveja.

Muitas beatas pediam a bênção a Lídio Silva. E muitos se surpreenderam com as habilidades quase milagrosas do vaqueiro Manuel. Para se distrair enquanto não filmava, Geraldo, que tinha trabalhado em uma relojoaria, consertou todos os relógios da cidade e das redondezas.

Não foi só a princesa Yoná que empolgou Monte Santo. O galã Geraldo, com seus olhos verdes e sua pinta de Alain Delon sertanejo, também acendeu as fantasias dos locais. E não só das moças solteiras e das beatas. Um rapazinho delicado e sorridente, filho do escrivão de polícia, tomado de amores, seguia Geraldo por toda parte como um cachorrinho.

Assim que chegou a Monte Santo, Maurição vestiu o figurino de Antonio das Mortes e só o tirava para dormir, e às vezes nem isso. Dormia de capa e chapelão, com a espingarda papo-amarelo ao lado. Era Antonio das Mortes 24 horas por dia, mesmo quando não participava das filmagens.

Carioca malandro e gozador, Maurição resolveu provocar Geraldo com insinuações sobre a presença constante do rapazinho. Sensível e de pavio curto, Geraldo ficou furioso e, num impulso suicida, partiu para cima do gigante. Gritando uma saraivada de palavrões, Maurição descarregou o fuzil em Geraldo e quase o matou. De susto, com os tiros de festim. E depois explodiu numa gargalhada de Antonio das Mortes.

No primeiro dia de filmagem Glauber só conseguiu rodar um take, na zona de meretrício de Monte Santo, que começava com o Beato açoitando um padre, interpretado por Paulo Gil, caído no chão, com as putas em volta. A cena terminava com o vaqueiro Manuel dando tiros para o alto, depois de se entregar ao Beato e beijar seus pés.

No segundo take, o tripé balançou, a câmera caiu e a lente quebrou. As filmagens só seriam retomadas quatro dias depois, com a chegada de uma nova lente de Salvador.

Quando a câmera rodou de novo na imensa e desolada praça da cidade, a procissão se arrastava feito cobra pelo chão, carregando andores e estandartes e entoando benditos e ladainhas. Quando Glauber gritou "ação", o Beato Sebastião, interpretado por Lídio, começou a gritar:

"Vai tudo se acabar! Vai chover cem dias e cem noites! O sertão vai virar mar e o mar vai virar sertão!"

A procissão se imobilizou e emudeceu. Enfurecidos com o profeta agourento, os fiéis cercaram Lídio como se fosse o enviado do tinhoso, o mensageiro da desgraça. Um menino chutou sua perna, outro lhe deu um empurrão, uma velha beata socava o seu peito gritando "sai desse corpo, satanás", a cena havia se transformado em uma alegoria glauberiana involuntária.

E virou uma chanchada quando, surpreso e apavorado, com medo de ser linchado, Lídio disparou para a casa paroquial, perseguido pela multidão, enquanto Glauber estourava numa gargalhada e gritava "corta".

Para acalmar a massa enfurecida, Glauber explicou que nada daquilo era verdade, que era tudo um jogo de representação, como o reisado, enquanto eles tiravam fotografias. Os assistentes reorganizaram a procissão, Lídio foi resgatado da casa, Glauber gritou "ação" e a cena foi filmada. Várias vezes, porque nas primeiras tomadas o Beato ainda estava visivelmente intimidado e nem ele mesmo parecia acreditar nas profecias que gaguejava.

Na manhã seguinte, o motorista do jipe, que também fazia o Cego Júlio no filme, partiu para Salvador com o material rodado, que iria de avião para o Rio e voltaria revelado três dias depois. Glauber estava ansioso para ver como a luz estourada do sertão estava imprimindo no celuloide. Gugu havia alugado um velho cinema em Feira de Santana, a três horas de Monte Santo, onde eles poderiam ver os copiões.

As filmagens continuaram com novas cenas da procissão, os figurantes já integrados no clima místico, todos cantando benditos e ladainhas com fervor. E, como se atendendo às suas preces de ficção, começou a chover de verdade. A câmera continuou rodando, colhendo imagens maravilhosas, embora as cenas não pudessem ser usadas no filme. O dia de filmagem estava perdido. E também os seguintes. A frustração de Glauber e da equipe se compensava com a alegria real dos pobres lavradores pela chuva desejada. Deus e o diabo na terra da chuva.

Quando o sol voltou, recomeçaram em ritmo acelerado para tentar recuperar o atraso e chegaram a rodar vinte takes em um dia, até que a câmera quebrou. Glauber e Waltinho foram trocá-la por outra em Salvador e na longa viagem de volta conversaram muito sobre Villa-Lobos, e Glauber decidiu partir para orquestrar o filme musicalmente. Estruturou a importantíssima cena de amor com Rosa e Corisco se beijando em um longo plano circular a partir da música de Villa-Lobos.

Mas quando foram filmar, o carrinho de madeira construído pelo carpinteiro Lídio Silva para carregar a câmera não funcionou. Nem o Beato conseguiu o milagre de o carrinho não balançar, as imagens sairiam tremidas. E a cena arrebatadora acabou sendo feita por Waldemar com a câmera na mão, Glauber gritando no seu ouvido e Waltinho carregando a bateria da câmera, todos rodando em volta do interminável beijo apaixonado de Rosa e Corisco. Mas no copião, ao contrário de *Cruz na praça*, o tremido estava certo, e, com a montagem e a música, a cena entraria para a história do cinema brasileiro.

Os quatrocentos figurantes tinham sido contratados por um salário mensal para ficarem à disposição da produção durante as filmagens. Mas ninguém havia falado que eles teriam que subir, várias vezes, os 4 mil degraus escavados na pedra do Monte Santo, seguindo um beato de araque, para serem fotografados por aquela gente estranha.

Diante do descontentamento geral e da pouca disposição dos figurantes para interpretar uma multidão de fanáticos com a necessária energia, Gugu teve que lançar mão de sua arma secreta.

Seu pai era um político conservador de muito prestígio, que recebia carregamentos de leite em pó da Embaixada dos Estados Unidos, através do programa de ajuda externa Usaid, para serem distribuídos entre as famílias necessitadas do sertão baiano. Ou seja, o seu eleitorado.

Antes de partir para Monte Santo, Gugu encheu uma caminhonete com todas as caixas de leite em pó que conseguiu desviar do escritório político do pai. Iria distribuí-las às famílias necessitadas do sertão, sim. Mas conforme as necessidades da produção.

Gugu pretendia distribuir o leite em pó aos poucos, como agradecimento e estímulo ao povo e às autoridades pela colaboração com as filmagens. Mas o momento era decisivo e exigia uma solução rápida. Waltinho e Paulo Gil foram aclamados quando anunciaram aos figurantes que, além do salário mensal, quem subisse o morro ganharia duas latas de leite em pó. Ao longo do dia, a notícia se espalhou e veio gente até dos vilarejos vizinhos para participar da filmagem.

A multidão subiu e desceu o Monte Santo várias vezes, cantando e rezando junto com o Beato e seguindo as instruções de Glauber. No alto do morro, cercado pelos figurantes e pelos ventos, o Beato parecia possuído por um verdadeiro transe místico. De braços abertos e cajado na mão, proclamava sua fé aos céus, e os devotos, à beira da histeria, respondiam:

"Louvado seja Nosso Senhor Jesus Cristo! Louvado seja Nosso Senhor Jesus Cristo!"

Atrás da câmera, Glauber chorava.

E chorou de novo, cinco dias depois, num velho cinema de Feira de Santana, assistindo aos copiões das cenas que o motorista/"Cego Júlio" trouxera de Salvador. Por um defeito na câmera, a luz entrara pelo chassi e a película fora superexposta, o material estava perdido.

Todas as cenas teriam que ser refilmadas. Como levar de novo todo aquele povo a passar o dia subindo e descendo o Monte Santo? Com seu arsenal de leite em pó devastado, Gugu comprou em Feira de Santana duas máquinas de costura Singer e um talão de rifas.

Em Monte Santo, anunciou que quem participasse das filmagens ganharia uma rifa e concorreria às máquinas de costura. Teve mais gente do que na primeira vez, todos já sabiam o que fazer, o vento soprava ainda mais forte, Lídio estava ainda mais impregnado da exaltação mística do Beato, e Glauber aproveitou para modificar alguns movimentos de câmera, já imaginando a cena com música sinfônica de Villa-Lobos. Tudo ficou ainda melhor do que na primeira filmagem. Louvado seja Nosso Senhor Jesus Cristo!

A interação entre realidade e ficção dificultou bastante a filmagem da cena em que Antonio das Mortes massacra uma multidão de beatos. Quando Paulo Gil explicou aos figurantes que o jagunço ia atirar e eles deveriam "morrer", muitos debandaram ladeira abaixo. Com sua autoridade de princesa, Yoná tentava tranquilizá-los dizendo que ninguém ia morrer de verdade, que era só de brincadeira. Irritada com a lentidão das filmagens, uma velha reclamou:

"Vige, uma hora dessas e a gente ainda não comeu, vamu morrê é de fome."

À custa de muita conversa, Paulo Gil e Waltinho conseguiram trazer de volta os figurantes desconfiados e reposicioná-los no alto do morro. Glauber mandou a câmera rodar, gritou "ação", e Maurição começou a atirar nos beatos. Sob a fuzilaria de festim, os figurantes desabavam como sacos de batatas. "Corta!", gritou Glauber.

Waltinho explicou aos figurantes, bem alto, escandindo as palavras:

"Não dá pra morrer assim. Tem que cair lentamente. Len-ta-men-te."

Ninguém se mexeu. Waltinho gritou: "Então vamos ensaiar. Todo mundo morrendo."

Ninguém se mexeu. Glauber veio em seu socorro e esclareceu:

"Vocês têm que cair bem devagarinho. Bem de-va-ga-ri-nho, entenderam?"

Todo mundo morreu como Glauber queria, e depois os assistentes os lambuzaram com litros de chocolate escuro, o sangue em preto e branco de uma produção modesta.

À noite, Glauber confessou a Waltinho que sentira um verdadeiro prazer em filmar Antonio das Mortes massacrando os beatos:

"É a projeção do meu inconsciente fascista em cima dos miseráveis. 'Deus e o diabo' é uma razão histórica dialética para esconder o sádico de massas que sou."

Nos intervalos da filmagem, Waltinho gravava os cantos, ladainhas, falas do povo, ruídos e músicas que poderiam ser úteis na edição final. E ficava de olho vivo na figuração para evitar sandálias havaianas e outras modernidades em uma história passada em 1939, não por acaso, ano do nascimento de Glauber.

Um dos grandes momentos foi protagonizado por Geraldo, com uma pedra de mais de 20 quilos na cabeça, subindo toda a ladeira até o santuário no alto do morro. De joelhos. Sem nenhuma formação teatral, Geraldo precisava viver de verdade a cena para interpretá-la, numa adaptação sertaneja do método Stanislavski.

Mas não precisava ser tão radical. Penalizado com seu sofrimento, Waltinho sugeriu que ele carregasse uma pedra menor, ou só a colocasse na cabeça quando a câmera começasse a rodar. Estoico como um fanático, Geraldo recusou tudo. Sofreria na própria carne o calvário do vaqueiro Manuel.

No fim do dia, Geraldo estava exausto e ferido, e seu sangue não era de chocolate. O peso da pedra comprimiu durante horas seus músculos e nervos do pescoço e o imobilizou por vários dias. Mas as cenas ficaram emocionantes, as plateias se comoveriam com tanta dor e sofrimento interpretados com tanto realismo por aquele ótimo ator, um verdadeiro "animal cinematográfico".

Na chapada de Cocorobó, sob o sol do sertão, o chão de malacacheta brilhava como ouro. Com a câmera numa kombi correndo paralela aos atores, Glauber filmou a corrida desesperada de Manuel e Rosa em direção ao mar, a sequência final do filme.

O único imprevisto foi o tropeço e a queda de Yoná quando eles já estavam quase no final da corrida. Da kombi, Glauber gritou para Geraldo não parar, deixá-la para trás e seguir em frente. Não havia mais película para refilmar toda a corrida, e Glauber mudou o final do filme guiado pela necessidade e pela inspiração do momento.

Com os boatos de que, depois das filmagens em Milagres, o usurpador de locações Ruy Guerra iria filmar em Monte Santo, a equipe marcou presença. Quem ousasse invadir o território de Glauber encontraria as 25 capelinhas do caminho sagrado pichadas com a inscrição:

D + D passou por aqui.

Exaustos e bronzeados da epopeia no sertão, Glauber e equipe retomaram as filmagens em Salvador, no histórico Solar do Unhão, um belo conjunto arquitetônico do século XVI construído à beira-mar, com um casarão de dois andares, uma igrejinha, senzala, cais, aqueduto e um chafariz.

O conjunto seria restaurado por Lina Bo Bardi para abrigar o futuro Museu de Arte Moderna, mas estava caindo aos pedaços quando Glauber filmou a cena em que Antonio das Mortes toma um cafezinho em silêncio, ouvindo uma conversa do padre com o coronel. A locação tinha diversos ambientes diferentes, que seriam os cenários naturais para as últimas cenas de interiores.

Convocados por Glauber, Ubaldo e Maciel foram assistir às filmagens na capela. Cena forte: o Beato seria esfaqueado por Rosa.

Clima tenso. Lídio era gago e estava nervosíssimo. Glauber não se importava com a gagueira, porque tinha decidido que, além de Corisco, Othon também dublaria o Beato, não só porque era um grande ator que poderia fazer vozes e interpretações diferentes, mas pelo efeito dramático de Deus e o diabo falarem com a mesma voz.

Com a tensão da cena, Lídio ficava ainda mais gago, Glauber se impacientava, tentava incentivá-lo:

"Ô seu Lídio, o ator tem que ser ator, tem que desmunhecar, tem que ser homem, ser mulher. Tem que ser santo e ser diabo."

Lídio estava quase chorando e gaguejou:

"Seu Gla-Glauber, eu não que-quero mais ser ator não."

Convencido a não abandonar a profissão, Lídio finalmente foi assassinado por Yoná, em inúmeros planos, com várias lentes, em diversos movimentos de câmera.

Maciel estava impressionado com o desenvolvimento dos métodos de direção de Glauber. Ensaiava uma cena em detalhes e no momento da filmagem a modificava completamente. Aos berros.

Ao rodar, ele ia mudando, inventando, se deixando guiar pelo momento e pela intuição. Marcava um plano harmonizando os movimentos de câmera na mão com os atores. Mas depois de gritar "ação" mudava a posição dos atores durante a cena, deixando que sua intuição lírica prevalecesse sobre a gramática cinematográfica.

Filmado o último take, todos partiram para a casa de Glauber em silêncio, com a sensação de dever cumprido, mas o sentimento de um grande vazio. Embora exaustos, todos gostariam que o trabalho e a convivência continuassem. Mas não se livrariam de Glauber tão cedo: ele se sentia autorizado a distribuir projetos e tarefas entre os amigos e não pedia licença para intervir em suas vidas particulares e até em seus amores. Ninguém se incomodava, era ele quem unia pessoas tão diferentes, lhes dava coragem, e as dirigia acima dos interesses e vaidades pessoais.

Othon Bastos como Corisco em cena emblemática de *Deus e o diabo na terra do sol*

A MÚS
DAS
IM

ICA

AGENS

Glauber partiu para o Rio com os copiões para começar a montagem. Esgotado física e emocionalmente, não filmara a chegada de Manuel ao mar como estava no roteiro. Achava que a longa corrida, ao som de uma música vibrante, com uma letra fechando a história, já seria suficiente para um grande final. A sequência já estava montada e a letra pronta:

Tá contada minha história,
verdade, imaginação,

espero que o senhor
tenha tirado uma lição,
que assim mal dividido
este mundo anda errado,
que a terra é do homem,
não é de Deus nem do diabo!
o sertão vai virar mar
o mar vai virar sertão.

Não era o que pensavam Waltinho, nem Paulo Gil, nem toda a equipe. Depois de ver os copiões na moviola da Líder, Cacá, Sarra e Jarbas Barbosa, que havia se associado a Gugu na produção, também concordavam: o mar era indispensável. Glauber resistia, não havia mais tempo, nem dinheiro e nem paciência.

O pernambucano Jarbas era irmão do popularíssimo animador de televisão Abelardo "Chacrinha" Barbosa, criador do bordão "quem não se comunica se trumbica". Extrovertido, irreverente e hiperativo, Jarbas queria se comunicar e estava se jogando de cabeça na produção de cinema. Tinha feito o *Boca de ouro* com Nelson e estava produzindo simultaneamente *Os fuzis*, que Ruy Guerra filmava em Milagres, e *Ganga Zumba*, que Cacá rodava em Campos dos Goitacazes, quando se associou a Gugu em *Deus e o diabo*.

Num derradeiro esforço da produção, Jarbas alugou um helicóptero e Glauber filmou a chegada do vaqueiro Manuel ao mar de Cabo Frio, a duas horas do Rio.

Hans estava viajando, e Necy, triste e solitária no Rio, recebeu uma visita amorosa de Caetano. Inebriados pelas lembranças do forte de São Marcelo, estavam tão entretidos no quarto que demoraram a ouvir a campainha e as batidas na porta.

"Hans!"

Necy se enfiou em um robe e viu pelo olho mágico. Era pior.

Glauber.

Enquanto Caetano se vestia apressado no quarto, Necy abriu a porta e Glauber entrou esbravejando. Assustado, Caetano ouviu-os conversando na cozinha, e Necy tranquilizando o irmão ciumento: não estava traindo seu marido, era só um amigo bicha de Salvador.

Formado em Direito e casado com Maria Beatriz, a Bilô, Ubaldo partiu no início do ano para os Estados Unidos com uma bolsa para fazer seu mestrado em Administração Pública e Ciência Política na South California University.

Em Feira de Santana, Helena filmava *O grito da terra* com o baiano Olney São Paulo, interpretando uma camponesa que enfrenta os latifundiários e uma rival sensual e perigosa. No Rio, Joaquim Pedro terminava o roteiro de *O padre e a moça*, baseado no poema de Carlos Drummond de Andrade, e convidava Helena e Paulo José para fazerem os protagonistas.

Entre risos e lágrimas, euforia e desespero, Glauber passou quatro meses na moviola montando *Deus e o diabo* com o experiente Rafael Valverde, que havia montado *Rio, 40 graus*, *Assalto ao trem pagador* e *Vidas secas*.

O filme estava quase pronto, mas faltava um elemento fundamental: a música. Além de Villa-Lobos, e até para contrastar com sua grandiosidade sinfônica, Glauber havia concebido a trilha sonora como um longo poema na linguagem dos cordéis, dividido em várias partes, que deveria ser musicado e cantado com a aspereza e o despojamento dos cegos violeiros, para funcionar como narração e comentário em momentos cruciais do filme.

Apesar de conhecer muitos músicos baianos e nordestinos, familiarizados com a linguagem dos cantadores e violeiros, Glauber escolheu um jovem cantor, pianista e compositor paulista, amigo de João Gilberto e de Tom Jobim. De origem árabe e formação clássica, Sérgio Ricardo começava a fazer sucesso com sua bossa nova romântica e sofisticada e era apresentado na televisão como cantor-galã.

Sérgio já havia lançado três LPs com seu estilo leve e romântico, mas, depois de ver *Barravento* no cinema, dera uma guinada em sua música. Contagiado pelo entusiasmo político e inspirado pelo filme de Glauber, tinha gravado uma canção muito diferente de tudo que vinha fazendo. Uma bela melodia de fraseado nordestino, temperada pelos sabores mouriscos das suas origens, que não por acaso se chamava *Barravento*.

Noite de breu sem luar,
lá vai saveiro pelo mar,
levando Bento e Chicão,
levando um pranto, uma oração,
se barravento chegar
não vai ter peixe pra vender,
filho sem pai pra criar,
mulher viúva pra sofrer.

Sérgio também adorava cinema, havia dirigido o curta *O menino da calça branca* e ficara fascinado com a força do filme e com a personalidade de Glauber, quando o conheceu nas noites cariocas de 1962.

Glauber simpatizou com ele, o visitava em seu apartamento no Humaitá, gostava de suas canções, o instigava a abandonar o bossanovismo e usar sua arte para a revolução social; mesmo assim Sérgio se surpreendeu quando recebeu o seu telefonema o convocando para fazer as músicas de *Deus e o diabo*.

Barravento não era só uma homenagem sincera e uma música bonita; para Glauber foi um sinal de que Sérgio era a pessoa certa para musicar e cantar os versos que narrariam e comentariam *Deus e o diabo*.

Glauber não quis lhe mostrar o filme, que ainda não estava pronto, apenas lhe apresentou um longo poema, em várias folhas datilografadas, escrito nas rimas e cadências dos violeiros nordestinos. E lhe deu instruções precisas de como musicar cada parte, umas mais tristes, outras vibrantes, algumas épicas e outras mais narrativas. Algumas eram adaptações de canções folclóricas, como a que Tom Zé gravou para Waltinho no fim das filmagens em Salvador e Glauber queria usar para o duelo de Antonio das Mortes e Corisco.

Te entrega, Corisco!
eu não me entrego não!

eu não sou passarinho
pra viver lá na prisão.

Em casa, Sérgio pegou o violão e começou a cantarolar os versos no jeito meio falado dos cantadores, com as escalas musicais nordestinas e mouriscas, buscando o despojamento que Glauber queria. Era o oposto de tudo que aprendera e da música que sabia fazer. O turco paulista teria que se metamorfosear em violeiro nordestino, ser Deus e o diabo na terra do som.

Depois de ouvir tudo que podia de cantadores e violeiros, em uma semana compôs as nove músicas. Apesar das advertências de Sérgio de que a gravação era só um esboço, para sentir a harmonização entre os versos e as melodias, entre as cadências das palavras e os acordes do violão, Glauber achou que estava ótimo. Cru como ele queria. E marcou a gravação para o dia seguinte, no estúdio Hélio Barroso, no centro da cidade.

Sérgio ficou nervoso, queria dar um acabamento às músicas, mas Glauber estava animado e apressado. Apenas discutiram algumas sugestões de Sérgio nas letras, e de Glauber nas músicas. No estúdio, só com seu violão, Sérgio sofreu todo tipo de pressão e provocação de Glauber para se despojar de seu jeito afinado e contido de cantar e expressar a raiva, a dor e a violência de que as canções precisavam. Gritou, rachou a voz, feriu os dedos no violão, cantou por Antonio das Mortes, Corisco, Rosa, Manuel e o Beato Sebastião com os versos de Glauber. Até a voz acabar.

Em uma semana Sérgio Ricardo compôs as nove músicas de *Deus e o diabo na terra do sol*

BRASI

EM TRANSE

Depois de noites viradas na mixagem de som e imagem, Glauber terminou o filme em cima do prazo final para inscrição no Departamento Cultural do Itamaraty, que indicaria o representante brasileiro no Festival de Cannes. Era só uma vaga, e o franco favorito, *Vidas secas*, estava em exibição no Brasil com excelentes críticas e bom público. Mas Jarbas e Gugu achavam que *Deus e o diabo* tinha bala para ganhar o seu lugar ao sol de Cannes. E começaram a se mexer. Glauber considerava *Vidas secas* um filme perfeito, clássico que remetia ao neorrealismo italiano, à tradição do cinema realista francês, ao cinema da recessão americano, ao cinema de silêncio dos japoneses. Mas era muito diferente do seu: um era apolíneo e o outro dionisíaco. E acima de tudo Glauber se sentia muito desconfortável disputando uma vaga de festival com seu mestre Nelson.

Amigo e fã ardoroso de Glauber desde *Barravento*, o cônsul Arnaldo Carrilho havia articulado a comissão do Itamaraty, presidida por Humberto Mauro, e exercia sua influência na escolha dos filmes para os festivais internacionais.

E Carrilho tinha enlouquecido com *Deus e o diabo*. Não se falava de outra coisa no bar da Líder.

Quando souberam, Nelson, Barretão, Herbert Richers e o uruguaio Danilo Trelles, os produtores de *Vidas secas*, começaram a ficar preocupados.

Numa roda de bar, alguém provocou Glauber: como ele ousava botar seu filme para concorrer com o seu mestre? Constrangido, resmungou que se fosse por ele *Deus e o diabo* não disputaria a indicação, que fora inscrito à sua revelia por Jarbas e Gugu.

Quando o filme foi exibido numa sessão só para jornalistas, na cabine da United, Glauber estava nervoso com a presença de Moniz Vianna, mentor de Waltinho e da jovem crítica carioca, que era rigoroso e implacável com o cinema brasileiro. Glauber estava brigado com Moniz desde suas críticas devastadoras a *Barravento* e *Porto das Caixas*, do amigo Saraceni, mas o respeitava como um grande crítico e era seu leitor constante desde a adolescência em Salvador.

Na saída, Glauber soube pelo crítico Paulo Perdigão, amigo de Moniz:

Até ele tinha gostado.

O país estava pegando fogo. No dia 13 de março, véspera do aniversário de Glauber, o Rio de Janeiro parou com o grande comício na Central do Brasil, convocado pelas lideranças sindicais e estudantis em apoio às "Reformas de base" propostas pelo governo João Goulart, que transformariam radicalmente o Brasil.

Eufóricos e animados pelo fervor cívico, Glauber, Cacá, Sarra, Leon, Davizinho, Miguel, Waltinho e outros jovens revolucionários chegaram empolgados à praça em frente à estação ferroviária, tomada por 150 mil pessoas com faixas e bandeiras, gritando palavras de ordem e refrões.

Ouviram emocionados os discursos inflamados dos governadores Leonel Brizola, do Rio Grande do Sul, e Miguel Arraes, de Pernambuco, do líder comunista Luiz Carlos Prestes e do presidente da União Nacional dos Estudantes José Serra, apoiando as reformas que, imaginavam os rapazes do Cinema Novo, eram o início da transformação do Brasil em uma república socialista tropical, como Cuba.

A multidão explodiu quando Jango anunciou o decreto da reforma agrária, que desapropriava todas as grandes propriedades à margem de ferrovias e rodovias federais. E depois a nacionalização das refinarias de petróleo: "A partir de hoje, trabalhadores brasileiros, a partir deste instante, as refinarias de Capuava, Ipiranga, Manguinhos, Amazonas e Rio Grandense passam a pertencer ao povo."

E seguiu, ovacionado: "Dentro de poucas horas, outro decreto vai regulamentar o preço extorsivo dos apartamentos e residências desocupados, preços que chegam a afrontar o povo e o Brasil", anunciava o presidente sob gritos e aplausos, ao lado da lindíssima primeira-dama Maria Thereza Goulart, que os rapazes consideravam mais bonita do que Jacqueline Kennedy.

Com a massa em delírio, Jango anunciou o controle das remessas de lucros das empresas estrangeiras para o exterior, a reforma eleitoral que dava voto aos analfabetos e aos praças das Forças Armadas e a reforma universitária radical apoiada pela UNE.

Parecia um filme se desenvolvendo diante deles, mas era a História em marcha.

Não havia dúvida, o povo e as lideranças progressistas estavam com Jango, as reformas mudariam o país. E se a burguesia e os reacionários, como os governadores Carlos Lacerda, do Rio de Janeiro, o populista Adhemar de Barros, de São Paulo, e o banqueiro Magalhães Pinto, de Minas Gerais, tentassem resistir à vontade do povo e à marcha do socialismo, o governo dispunha de sólido apoio nas Forças Armadas.

Saíram do comício ainda mais eufóricos do que chegaram, foram caminhando até a Cinelândia, para um chope no Amarelinho em comemoração ao momento histórico que estavam vivendo. O Brasil seria um novo país. O grande amanhã estava chegando.

Com toda a turma reunida, o cônsul Carrilho, vindo do Itamaraty, soltou a bomba: "*Deus e o diabo* foi o escolhido!"

Enquanto todos gritavam e comemoravam, Glauber emudecia e entrava em profunda depressão. *Vidas secas* estava fora.

Já passava de meia-noite e era o aniversário de Glauber. Mas ele nem tocou no assunto. Fez 25 anos sem bolo nem velas e passou o dia correndo entre o Itamaraty e a Polícia Federal, atrás de passagens, passaporte e dólares. Queria sair do Brasil imediatamente.

Três dias depois, no imenso cinema Ópera, na Praia de Botafogo, *Deus e o diabo* foi exibido para uma plateia de convidados, que o aplaudiram diversas vezes em tela aberta, especialmente na cena de amor ao som de Villa-Lobos, no êxtase místico do Beato no alto do Monte Santo e na morte de Corisco, e o ovacionaram de pé no final.

"Eles saíram da sala como se tivessem acabado de ver cinema pela primeira vez", escreveu o crítico José Carlos Avellar no *Jornal do Brasil*.

Com a repercussão das pré-estreias, Glauber estrelou um grande debate com jovens críticos cariocas, mediado por Alex Viany, em que cada um parecia disputar quem tinha gostado mais do filme, com as mais profundas interpretações e os mais eruditos argumentos. E tanto que várias vezes Glauber pareceu até modesto, como quando se discutia o caráter ambíguo de Antonio das Mortes:

"Há umas coisas que eu não posso explicar, coisas que outras pessoas podem explicar melhor do que eu."

Na noite de 25 de março embarcou no voo da Panair para Paris, onde ficaria até o início do Festival de Cannes, no final de abril. Teria um mês para fazer as legendas em francês de *Deus o diabo*, ver filmes e falar de cinema e revolução.

PRIMAVERA EM OUTONO

PARIS NO RIO

Em Paris, Glauber se hospedou no apartamento de uma amiga francesa que havia viajado, na Place d'Italie, e a primeira coisa que fez foi procurar Vinicius de Moraes, que estava servindo na representação brasileira na Unesco. Porque, além de amigo, era poeta, falava francês e adorava cinema.

Para ser apresentado em Cannes, *Deus e o diabo* precisava ter legenda em francês, mas a tradução feita pelo crítico José Sanz no Brasil tinha ficado muito clássica e rebuscada, conflitando com a linguagem popular do filme.

Glauber pediu a Vinicius que fizesse uma nova tradução. O poeta adorou o filme e começou a trabalhar numa versão dos diálogos em francês. Todos os dias os dois se encontravam para discutir detalhes e Glauber se entusiasmava com a qualidade do trabalho de Vinicius.

E ficou feliz e aliviado quando recebeu a notícia de que *Vidas secas* também estaria concorrendo à Palma de Ouro.

Aos primeiros sinais de que a ida a Cannes estava ameaçada, os produtores tinham enviado o filme diretamente para a direção do festival, com as recomendações entusiásticas da crítica brasileira e apostando no prestígio que Nelson conquistara na Europa com *Rio, 40 graus* e *Rio, Zona Norte*. O filme era tão bom que foi o convidado especial da direção do festival para a mostra competitiva. Pela primeira vez dois filmes brasileiros disputariam a Palma de Ouro: um do aluno e outro do mestre.

No Brasil, a cobra estava fumando e a onça bebendo água. O comício da Central tinha enfurecido a direita, alarmado a classe média e a Igreja católica, e havia grande agitação nos quartéis. Entidades conservadoras convocaram manifestações de massa contra a "comunização" do Brasil. Em São Paulo e em Belo Horizonte, mais de um milhão de pessoas participaram da "Marcha da Família, com Deus pela Liberdade". Com o governo sob o bombardeio da imprensa, novas marchas se seguiram em outros estados. No Congresso, a oposição, apoiada por moderados de outros partidos, pedia o impeachment de Jango. Mas os jovens revolucionários estavam confiantes, qualquer tentativa de golpe seria abortada pelos chefes militares leais a Jango, nada deteria a marcha da História.

No dia 1º de abril, o que parecia uma brincadeira de mau gosto no "Dia da Mentira" era a dolorosa verdade. Almoçando no La Coupole, Glauber e Vinicius souberam que um golpe militar havia deposto o governo do presidente Jango Goulart no Brasil. As notícias ainda eram imprecisas, mas pavorosas: o “dispositivo militar” janguista não havia funcionado e as forças conservadoras, unidas aos militares anticomunistas, haviam derrubado o governo sem um tiro. Para evitar derramamento de sangue, Jango fugira do país e o governo debandara. O marechal Humberto Castelo Branco era o presidente provisório. Comunistas estavam sendo perseguidos em todo o Brasil. Surpresa e desarvorada, a esquerda nacionalista não entendia o que havia acontecido.

Em Paris, com um dia de atraso, podiam-se ler os jornais brasileiros na agência da Panair. O editorial do *Jornal do Brasil* era feroz:

“Desde ontem se instalou no País a verdadeira legalidade. Legalidade que o caudilho não quis preservar, violando-a no que de mais fundamental ela tem. A legalidade está conosco e não com o caudilho aliado dos comunistas. Aqui acusamos o Sr. João Goulart de crime de lesa-pátria. Jogou-nos na luta fratricida, desordem social e corrupção generalizada.”

Duas semanas depois do golpe, Glauber recebeu em Paris uma longa carta coletiva de Maciel, Sarra, Davizinho e Rogério Duarte, celebrado polemista e artista gráfico baiano que estava morando junto com Necy no Rio e havia criado o lindíssimo cartaz de *Deus e o diabo na terra do sol*.

Usando a fita vermelha da máquina de escrever, Maciel começava: “Esta é uma carta coletiva escrita sob o signo do desespero e da esperança simultaneamente, o que é uma contradição, mas a contradição, como se sabe, é o poder que move todas as coisas. Inclusive as cartas.”

Contava que havia muitas razões para o desespero; para a esperança, eles ainda estavam procurando.

Sarra recomendava: “Não dê entrevistas erradas, espere a nossa vez com calma, senão não te deixam voltar. O negócio é ganhar o prêmio e voltar para a luta.”

Rogério, bem ao seu estilo sarcástico, quase comemorava: “A revolução florida entrou pelo cano. A aliança marx-bossa-ipanema-estudantil-frescura dará lugar à operário-camponesa, desta vez para o pau, a morte ou a república popular brasileira. A turma que pensava ser mole o negócio está apavorada.”

Davizinho, que era mineiro e filho de general, recomendava cautela: "Fale muito do seu filme, das suas intenções, mas evite falar da crise. A situação aqui não está para muita conversa. Hoje mais vinte deputados terão os mandatos cassados. Os expurgos, segundo o 'ato revolucionário', durarão seis meses."

Necy mandava um bilhetinho:

"Não assine nada por aí e tenha muito cuidado. Você tem se alimentado bem? Cuide-se direitinho e cuidado para não criar barriga. Mude de roupa de vez em quando."

As advertências eram procedentes: quatro meses antes do golpe todos haviam assinado, Glauber inclusive, um manifesto do Comando dos Trabalhadores Intelectuais apoiando o governo e as reformas de base. A lista com centenas de assinaturas foi publicada pelos jornais e estava sendo usada como uma relação de subversivos procurados pelos militares. Vários estavam presos, mas, por enquanto, ninguém da turma.

Em Salvador, o bicho estava pegando. Paulo Gil e Orlando tinham se escondido no interior. A foto de Ubaldo, que estudava na Califórnia, foi exibida na televisão em uma lista de procurados por subversão.

No Rio de Janeiro, no apartamento do jornalista Darwin Brandão, um grupo de intelectuais comunistas avaliava a situação e fazia previsões sobre o tempo que os militares ficariam no poder: os mais otimistas falavam em um mês, os pessimistas em um ano.

Geraldo Del Rey e Gugu em Cannes, 1964

CANNES

Além de *Deus e o diabo* e *Vidas secas*, o novo cinema brasileiro estaria representado em Cannes por *Ganga Zumba*, de Cacá, indicado pelo Itamaraty para a "Semana da Crítica", reservada a diretores estreantes. Com 23 anos, nervoso com a sua primeira viagem à Europa, Cacá embarcou para Paris com Nelson e Barretão no voo da Panair, mas apertado na classe econômica, enquanto os dois amigos bebiam champanhe e comiam caviar refestelados na primeira classe. Mais viajados e malandros, Nelson e Barretão haviam pedido a Regina um upgrade no avião do seu marido.

Regina tinha convencido Wallinho a botar um dinheirinho não só em *Deus e o diabo* mas também em *Ganga Zumba*, senão Cacá, que ela também tinha namorado, não conseguiria finalizar o seu filme. Antes de viajar, Glauber havia descolado com Wallinho um emprego para Maciel na TV Excelsior. Regina estava se tornando a santa padroeira do Cinema Novo, e Wallinho, que apoiava e tinha ótimas relações com o governo Jango, entrava na linha de tiro dos militares e dos empresários golpistas e em pouco tempo perderia a Panair, a TV Excelsior e boa parte de sua fortuna.

Cacá foi do aeroporto direto para o apartamento de Glauber, na Place d'Italie. Como acontecia com frequência, o amigo recebeu-o nu em pelo. Animadíssimo. Estava terminando com Vinicius as legendas em francês de *Deus e o diabo* e dizia que eram mais bonitas e poéticas do que os diálogos originais.

Gugu também estava na cidade, hospedado no luxuoso Plaza Athenée. À noite, foi se encontrar com Glauber, Vinicius e Cacá na Brasserie de Lilas e, vendo a desenvoltura com que Cacá falava francês com um amigo de Vinicius, fez a proposta irrecusável:

"Como eu não falo francês e estou louco para conhecer a vida noturna parisiense, você vai comigo e eu pago tudo. Vamos à noite!"

Como guia e intérprete de lazer noturno do generoso Gugu, o duro Cacá comeu e bebeu do bom e do melhor. Conheceu bares e cabarés de luxo, viu shows de striptease em Pigalle e terminou a noite num bar do Champs Élysées, frequentado por alegres francesas, italianas e polacas, onde também encontrou uma brasileirinha conhecida da praia e das festinhas de Ipanema que, diziam as más-línguas, exercia profissionalmente em Paris os talentos naturais que oferecia de graça no Brasil.

Na véspera da abertura do festival, Glauber foi de avião com Gugu, e Cacá seguiu para Cannes no fusca de Luiz Edgar de Andrade, correspondente do *Jornal do Brasil* em Paris.

Enquanto Nelson, Barretão, Gugu, Jarbas e Glauber se hospedavam no Hotel Martinez, Cacá teve a sorte e o charme para se dar bem com a dinamarquesa Elise, que o convidou para dormir no barco que mantinha ancorado no porto de Cannes como uma casa flutuante. O barco era grande, com duas cabines, e a outra era ocupada por uma garota que Elise dizia ser sua irmã, mas Cacá tinha quase certeza de que era sua amante. O importante era que a hospedagem durante as duas semanas do festival estava garantida.

Todos os dias, a partir de 11 da manhã, dois filmes eram exibidos em sessão fechada para a imprensa. Era a melhor opção, porque se podia ir vestido de qualquer jeito; na sessão de gala, que começava às sete da noite, o smoking era obrigatório.

Glauber assistia a todas as sessões de imprensa e depois via de novo os filmes à noite, com o smoking que Regina havia lhe dado. O de Nelson, Joaquim Pedro conseguira emprestado com o pai, Rodrigo Mello Franco, diretor do Patrimônio Histórico. Era de um modelo tão antigo que Nelson o vestia como se fosse um smoking tombado.

No sexto dia do festival, as esperanças brasileiras entravam em campo com a exibição de *Vidas secas* para a imprensa. Ao lado de Glauber e Cacá, nervosos nas poltronas, Nelson e Barretão ouviram, desde o início do filme, um ruído semelhante a uma pancada seca, em um ritmo lento e constante, paralelo à projeção. O filme tinha poucos diálogos, muitos silêncios e só o ranger do carro de boi como trilha sonora. Para desespero de Nelson e Barretão, as batidas misteriosas prosseguiram até o final da projeção, quando o filme foi recebido com fartos aplausos e comentários entusiasmados dos críticos franceses.

Carregando no sotaque e no ar blasé, os brasileiros imitavam o estranho jeito de gostar dos críticos franceses: quando o filme terminava, eles diziam *"pas mal"*; na saída do cinema já consideravam *"pas mal de tout"*; depois evoluíam para *"oui, oui, assez bien"*; e quando as rodinhas de comentários se formavam, já achavam o filme *"merveilleux"* e *"formidable"*.

Na coletiva de imprensa, Nelson foi aplaudido, elogiado e respondeu a inúmeras perguntas. Muitos críticos ficaram encantados com a aridez e pungência da trilha sonora. O ranger lancinante do carro de boi e a batida seca que marcava o filme como uma pulsação expressavam genialmente a monotonia e a miséria do sertão.

Nelson e Barretão faziam força para não rir. Estavam felizes, mas preocupados: o que teria acontecido? Algum problema na cópia? Uma sabotagem? Como fariam na sessão de gala?

Nelson descartava a hipótese de sabotagem, achava que os brasileiros estavam sendo muito bem recebidos, eram vítimas do golpe militar, desfrutavam do charme de asilados políticos. Mas Glauber estava apreensivo e, no bar do Hotel Martinez, assegurava que o playboy Jorginho Guinle, que era amigo de Vinicius e estava em Cannes distribuindo sorrisos e gorjetas generosas, sempre elegante e acompanhado de lindas mulheres, era um espião da ditadura militar.

Glauber não sabia que Jorginho tinha ojeriza a trabalho, a qualquer um, por mais bem-pago que fosse; e não iria quebrar o seu voto de jamais trabalhar espionando inofensivos cineastas brasileiros.

Só no fim da tarde um diretor do festival informou a Nelson e Barretão que a cópia havia sido testada várias vezes, inclusive no projetor do Palácio do Festival, e estava perfeita. A conclusão técnica era de que o ruído misterioso tinha sido interferência dos sinais de radar de um porta-aviões americano que estava fundeado em frente a Cannes.

Como o porta-aviões havia sumido no horizonte, não havia mais nada a temer.

À noite, todos de black tie, Nelson, Barretão, Vinicius, Gugu, Glauber e Cacá pisaram o tapete vermelho do imponente Palácio do Festival, com guardas engalanados nas portas, um batalhão de fotógrafos, e o público ladeando a escadaria para ver a entrada das estrelas. Nos primeiros degraus, Cacá parou para falar com um conhecido e se distanciou dos amigos. Quando o grupo já estava no alto da escadaria, Glauber começou a gritar “Cacá! Cacá! Ô Cacá!”.

Era como se no Brasil alguém fosse chamado de “cocô”, aos berros. Enquanto os franceses riam, Cacá, sozinho no meio da escadaria, tentava fingir que não era com ele. Foi pior. Glauber gritava ainda mais alto, fazia gestos escandalosos, os franceses se sacudiam de rir enquanto Cacá subia as escadas puto, cabisbaixo e humilhado, se sentindo literalmente um merda.

Mas foi dormir orgulhoso e feliz com os aplausos recebidos por *Vidas secas*. Três dias depois seria a exibição de *Deus e o diabo*.

O BOM
O MAU
E A
CACH

ORRA

Até François Truffaut, que concorria com *La peau douce*, escreveu que "filmes como este justificam a existência do cinema". A crítica adorou *Vidas secas*. Surgia um forte candidato à Palma de Ouro.

A única exceção foi o *France Soir*, que falava pouco e mal do filme. A crítica tinha ficado indignada com a morte da cachorra "Baleia", um dos grandes momentos da saga, que levava o público às lágrimas:

"Não pode ser bom um filme feito por brasileiros selvagens que matam cruelmente animais para comover o público."

Barretão ficou preocupado com a repercussão negativa. Mas não com "Baleia", uma simpática vira-lata que vivia em sua casa em Botafogo, e havia atuado brilhantemente em *Vidas secas* com seu talento natural — embora para interpretar a cena da morte tivesse a ajuda de um sedativo.

Ficou mais preocupado ainda quando leu as declarações furiosas da presidente da Sociedade Protetora dos Animais do Sul da França, denunciando a perversidade do filme brasileiro e ameaçando processar os produtores. Barretão sabia que os cachorros têm tanto prestígio na França que podem acompanhar os donos em restaurantes e cinemas e se hospedar em hotéis. De nada adiantaria dizer que o animal só tinha sido sedado, como nos filmes americanos e franceses. A coisa estava feia.

Algo precisava ser feito.

No Rio de Janeiro, a retaguarda de *Vidas secas* foi acionada e entrou em contato com a Air France, fazendo um apelo dramático pela salvação da imagem do Brasil no exterior.

No dia seguinte, depois de uma refeição de bordo e uma noite de sono em uma confortável caixa na primeira classe da Air France, "Baleia" desembarcou em Cannes como uma estrela. Desfilou pela Croisette sob os flashes dos fotógrafos. Fez mais sucesso que todos os integrantes da delegação brasileira. A defensora dos animais duvidou e disse que "Baleia" era falsa, que todos os vira-latas eram iguais. Mas a batalha midiática estava ganha, o jogo tinha virado e a simpatia de "Baleia" dava muita publicidade e um novo impulso a *Vidas secas*.

No dia seguinte seria a exibição de *Deus e o diabo*.

Na sessão para a imprensa, com os seiscentos lugares da sala ocupados, Glauber se sentou, nervosíssimo, ao lado de Cacá. Pouco antes de o filme começar, se queixando de enjoo e dores de estômago, se levantou e foi ao banheiro vomitar.

Cacá já tinha visto o filme algumas vezes e estava ansioso pela reação dos jornalistas, afinal não era algo clássico como *Vidas secas*, com referências que eles podiam assimilar. Ninguém podia imaginar o que vinha pela frente.

Glauber voltou trêmulo e a projeção começou. Protegido pelo escurinho do cinema, Cacá observava o público. Aparentemente não estavam entendendo nada do que se passava à sua frente. Se entreolhavam, desconfortáveis na poltrona, estavam perplexos. Era uma geografia humana, uma paisagem, uma música completamente desconhecidas. Se no Brasil não se sabia direito o que era aquilo, pensava Cacá, imagine em Cannes? Estavam diante de um objeto cinematográfico não identificado.

Depois da cena da morte violenta do Beato Sebastião, uma parte dos jornalistas abandonou a sala reclamando. Os demais continuaram com os olhos grudados na tela, acompanhando a transformação do vaqueiro em cangaceiro. Glauber se levantou para vomitar de novo.

Cacá pensava nas teorias de neurocientistas quando explicavam que os índios não enxergaram as caravelas dos espanhóis porque o cérebro deles não teria equipamento cultural para reconhecer aquele objeto. Na sala escura as pessoas pareciam não estar entendendo o que era aquilo, nem de onde tinha vindo, muito menos como terminaria.

A sessão terminou com um silêncio absoluto de alguns segundos, seguido de uma explosão de aplausos estrepitosos, com gritos e aclamações, que deixaram Glauber tonto e perplexo. Agora era ele quem não entendia nada do que estava acontecendo. Abraçado por Nelson, Gugu, Barretão e Cacá, eufóricos com o sucesso do filme e imaginando as polêmicas que provocaria, Glauber deveria seguir imediatamente para a sala de imprensa, onde um batalhão de jornalistas o esperava. Mas foi direto para o banheiro.

Voltou lívido e trêmulo, emocionalmente exausto, não tinha condições de enfrentar uma coletiva. E Nelson, seu mestre e concorrente, foi escalado para representá-lo e justificar a sua ausência.

Falou pouco e bonito, como um mestre, sobre o talento de Glauber e o cinema brasileiro em geral. Os jornalistas ficaram frustradíssimos, tinham muitas perguntas sobre os possíveis símbolos e as metáforas do filme que não seriam respondidas. E muitas dúvidas sobre quem era bom e quem era mau, quem era Deus e quem era o diabo, afinal o título em francês era *Le dieu noir et le diable blond* e não havia nenhum louro no filme.

Teriam que esperar a sessão de gala para ouvir Glauber. Até lá os críticos franceses poderiam elaborar suas teorias complexas sobre um filme tão polêmico e instigante, descobrindo intenções, subtextos e simbologias que nunca haviam passado pela cabeça dos diretores.

O público da sessão da noite era mais heterogêneo, com o provincianismo dos moradores de Cannes, que gostavam de filmes populares americanos, se misturando à sofisticação das estrelas internacionais e dos diretores e produtores que estavam ali pelos filmes de arte. Mas a reação foi a mesma da sessão para a imprensa. Com meia hora de projeção, uma parte do público saiu desnorteada para esperar o filme americano da segunda sessão. Os demais continuaram perplexos. E no final ovacionaram o que viram, embora não soubessem bem por quê.

Mais tranquilo, Glauber deu ótimas entrevistas em seu expressivo franco-baianês e se tornou uma das grandes revelações do festival. No dia seguinte, nos jornais, as críticas foram consagradoras. *Deus e o diabo* também surgia como um surpreendente candidato à Palma de Ouro.

Para comemorar, Cacá promoveu uma festinha no barco de Elise, com música brasileira e vinho francês, e recebeu Glauber, Barretão, Nelson, Gugu, Geraldo, Luiz Edgar e Vinicius com sua nova e jovem mulher Nelita. Cacá até que tentou enturmar Glauber com a irmã, ou possível amante, da dinamarquesa, mas o amigo estava apático, continuava com dores no estômago e vomitando, e se recusava a tomar qualquer remédio.

Já no fim da noite, sentados no deck do barco, com Cannes iluminada à frente, Cacá provocou Glauber:

"Você é mesmo um profeta de merda, disse que ia morrer com 24 anos, como Castro Alves, mas já fez 25 e está concorrendo à Palma de Ouro."

Glauber sorriu e respondeu sério:

"É que eu me enganei e li a profecia no sentido inverso: vou morrer com 42."

Depois da festinha, quando voltou ao Hotel, Barretão foi recebido com alegres latidos e descobriu que teria que dividir seu quarto com "Baleia" por mais uma semana. E depois levá-la com ele para Paris, onde passaria alguns dias antes de voltar ao Brasil.

Luiz Carlos Barreto, final dos anos 1960

DIFILM

PEQUENO GRAN FIN

ALLE

O festival dobrava a grande curva e entrava na reta final, com dois brasileiros disputando cabeça a cabeça com os favoritos.

Jarbas, que além de produtor era turfista apaixonado, dizia que uma vitória em Cannes seria uma façanha equivalente à dos cavalos brasileiros Escorial e Narvik em Buenos Aires, quando um ganhou e outro foi segundo no Grande Prêmio Carlos Pellegrini de 1959, a maior prova do turfe argentino, quebrando pela primeira vez a hegemonia portenha e o seu orgulho cavalar.

Nelson se preocupava com *A mulher da areia*, do japonês Hiroshi Teshigahara, o drama de um entomólogo que, assim como fazia com os insetos que estudava, é aprisionado por uma mulher numa armadilha de trabalho, comida e sexo. Com uma atmosfera opressiva e permanente tensão erótica, narrado e fotografado com refinamento, parecia o favorito da crítica e foi saudado como um dos filmes mais sensuais da história do cinema. Era o mais temido competidor dos nossos cangaceiros, beatos e retirantes.

Outros filmes fortes eram *Seduzida e abandonada*, do italiano Pietro Germi, com a deslumbrante Stefania Sandrelli; o polêmico *La donna scimmia* (A mulher macaco), do italiano Marco Ferreri; e o romântico *La peau douce* (Um só pecado), de Truffaut, vindo do sucesso espetacular de *Jules e Jim*.

Sob o lobby intenso da simpatia brasileira, associado à aura da perseguição política, da pobreza econômica e da precariedade técnica, com a alta qualidade e a carga de novidade dos filmes, a maior parte da crítica francesa e italiana já vestia a gloriosa jaqueta canarinho da seleção brasileira de cinema. Mas a opinião da crítica nem sempre, ou quase nunca, coincidia com a do júri.

Presidido por Fritz Lang, o legendário mestre do expressionismo alemão, o júri estava dividido entre os dois filmes brasileiros, era a informação quente que Barretão recebeu da simpática Christiane Rochefort, aspirante a escritora e chefe de imprensa do festival, que tinha acesso ao comitê dos jurados e estava torcendo pelos brasileiros. Glauber soube por algumas fontes fidedignas que Fritz Lang tinha adorado *Deus e o diabo*. E por outras, que havia detestado. Jornalistas que conheciam algum integrante do júri traziam informações contraditórias; de certo só havia uma grande expectativa de vitória brasileira.

Na véspera da premiação foi difícil dormir. Depois da noite de gala, também, mas por motivos diferentes.

Tenso e hipocondríaco, Gugu passou a noite com dores no peito, rolando na cama até o dia clarear. De manhã cedinho desceu para o bar do hotel e Vinicius ainda estava lá, bebendo e conversando com o crítico Novais Teixeira, um velho anarquista português, correspondente d'*O Estado de S. Paulo* em Paris.

À tarde, para passar as longas horas até a premiação, foram todos para o cassino. Logo de início Gugu começou a ganhar seguidamente na roleta, boladas de 10, 15 mil dólares. Eufórico, dobrava as apostas e, como num filme, ganhava de novo. Cercado pela torcida brasileira, com uma montanha de fichas à sua frente, Gugu comemorava cada bola como se fosse um gol do Brasil. E começava a distribuir punhados de fichas para os amigos também tentarem a sorte.

Um dos poucos que não estavam na sala de jogo era Vinicius, que continuava no bar, por bons motivos. Em uma mesa de canto, tomava champanhe e falava baixinho no ouvido de uma bela jovem, filha de um velho amigo carioca. Encantada com o charme do poeta, ela respondia com risinhos convidativos enquanto Vinicius acariciava sua mãozinha.

Até que adentrou o bar Nelita, a nova mulher, paixão e musa do poeta. Pisando duro e com os olhos fuzilando, partiu direto para a mesa. E quando Vinicius e a jovem se levantaram, Nelita esbofeteou-a diversas vezes, como em uma cena de cinema, sem que a moça esboçasse qualquer reação. Parecia paralisada, só apanhava e chorava. O poeta não conseguia, e nem tentava, disfarçar seu prazer com a cena passional de cabaré em que, aos 51 anos, era o pomo da discórdia entre duas jovens tão bonitas.

A moça esbofeteada fugiu chorando para o banheiro, e o garçom limpou o champanhe derramado no chão como se nada tivesse acontecido, como se fosse num filme.

A maior parte do grupo trocou as fichas e debandou para o cassino ao lado, outros ficaram no bar. Só Gugu continuava na mesa, sentindo a maré de sorte esmaecer e a montanha de fichas diminuir. Pensou até em chamar de volta os amigos para tentar refazer a corrente vitoriosa. E começou a perder pesado.

No fim da tarde, murcho e duro, Gugu voltou ao bar do hotel e encontrou os amigos eufóricos. Como raposas do pano verde, alguns haviam ganhado seus punhados de dólares e, sabendo da perda total de Gugu, fizeram questão de recompensar seu benfeitor, que acabou recebendo mais de 2 mil dólares com as sobras do ganho coletivo. Mas também acabou pagando toda a despesa do bar.

Estava na hora de tomar um banho, o que nem todos fariam, vestir um smoking e partir para o Palácio do Festival.

Surpresas e decepções na noite de premiação. Nem *Vidas secas*, nem *Deus e o diabo* e nem o filme japonês. A Palma de Ouro foi para o francês *Les Parapluies de Cherbourg* (Os guarda-chuvas do amor), de Jacques Demy, um musical romântico de inspiração americana, em vibrante technicolor. Sua originalidade era ser inteiramente cantado, do início ao fim, como uma opereta cinematográfica. As lindas canções de Michel Legrand estavam à altura dos melhores musicais americanos. Ou da trilha sonora de Tom Jobim e Vinicius de Moraes, que lançou a bossa nova para o mundo e foi fundamental para a vitória de *Orfeu negro*, cinco anos antes. Nas exibições para a crítica e na sessão de gala, quem não tinha adorado, tinha detestado. Com teor político zero, *Parapluies* despertou fúrias e ironias na crítica de esquerda. Mas a maioria estava encantada com o clima de romance e fantasia do filme e suas lindas canções.

Na delegação brasileira circularam informações seguras de que o traidor tinha sido o crítico soviético Alexandre Karaganov, integrante do júri que considerava *Deus e o diabo* esquerdista demais e tinha feito campanha para o alienado e escapista *Parapluies*. Coisas da política dos anos 60.

Ou seria uma repetição de dois anos antes, quando o júri estava dividido entre Buñuel e Antonioni e, correndo por fora, ganhou Anselmo Duarte?, especulavam os brasileiros. Coisas de festival.

Demy era muito simpático e amigo de Nelson desde 1956, quando veio ao Brasil como ator e assistente de direção do filme de aventuras *SOS Noronha*, estrelado por Jean Marais, e que também tinha no elenco o moçambicano Ruy Guerra em sua primeira viagem ao Brasil. O filme foi um fracasso, mas Demy adorou o Rio de Janeiro, voltou outras vezes e ficou amigo de Cacá, Davizinho e outros brasileiros. Ele e sua mulher, a também cineasta Agnés Varda, formavam um casal sui generis, mesmo para franceses modernos: ele era indiscutivelmente gay e ela, lésbica assumida, e se davam às mil maravilhas.

O paladar de Demy também era bem peculiar. Num almoço com Cacá no Rio, havia se deleitado com os pedaços de jaca servidos na sobremesa — mas achando que fosse um estranho queijo brasileiro.

* * *

Sem grandes surpresas, o prêmio especial do júri foi para *A mulher da areia*. Como consolação, *Vidas secas* recebeu o prêmio paralelo do Ocic (Office Catholique Internacional pour le Cinéma), dividido com *Parapluies*.

Passados a surpresa inicial e o impacto da decepção, todos só tinham motivos para comemorar. Era uma grande vitória para o cinema brasileiro em geral e para Glauber em particular. Com 25 anos, estava consagrado como diretor, sua personalidade exuberante e sua capacidade de mobilização haviam seduzido inúmeros críticos, e muitos produtores viam nele a promessa de grandes filmes.

Com a boa repercussão de *Ganga Zumba*, de Cacá Diegues, na Semana da Crítica se somando ao sucesso de *Vidas secas* e *Deus e o diabo*, o cinema brasileiro se afirmava em Cannes como uma nova escola. Mesmo com as diferenças estilísticas entre os filmes, todos tinham muitas semelhanças em suas temáticas sociais e nacionalistas, e na ofuscante luz dos trópicos que deslumbrava os europeus.

No dia seguinte, Gugu e Jarbas embolsavam 5 mil dólares com a primeira venda internacional de *Deus e o diabo*, para um distribuidor italiano. E Barretão vendia *Vidas secas* para a China.

Glauber embarcou para Roma, Barretão despachou "Baleia" para o Brasil pela Panair e voltou para Paris com Nelson e Cacá no fusca de Luiz Edgar. O Cinema Novo começava a conquistar o mundo.

Com a ótima repercussão de *Ganga Zumba*, Cacá Diegues foi um dos cineastas a brilhar em Cannes

VO

LTA

AO LAR

Conquistar os mercados de cinema da Europa, com suas salas de arte e seus circuitos universitários, não era tão difícil quanto seduzir o público brasileiro, sempre desconfiado do cinema nacional, por sua precariedade técnica, sua pouca ambição artística e sua pobreza econômica. Desde o sucesso de *Rio, 40 graus*, poucos filmes haviam conquistado grandes bilheterias, como *Os cafajestes*, *Assalto*

ao trem pagador, e os dois de Anselmo Duarte, *Absolutamente certo* e *O pagador de promessas*.

Para promover os filmes no Brasil, a palavra de ordem do Cinema Novo era ganhar prêmios e fazer barulho em festivais internacionais.

Críticas consagradoras de *Deus e o diabo* pipocavam na imprensa mundial. Georges Sadoul, autor da monumental *Histoire générale du cinéma*, em seis volumes, sabia do que estava falando e saudou Glauber em *Les Lettres Françaises* como "a grande revelação de Cannes, entendendo-se revelação por estilo revolucionário".

Na *Variety*, de Nova York, Eugene Moskowitz dizia que o filme "por vezes sobe a alturas quase delirantes de drama e efeito, mas o diretor nunca perde controle sobre o seu tema. Rocha surge como diretor de grande potencial, com a vocação e a capacidade para o dinamismo visual".

"Violento, o filme calcula seu sadismo com perfeito controle, e romântico, com as posições conscientes de câmera, os exuberantes refinamentos da composição pictórica. Com este filme Rocha se coloca, sem dúvida, na classe internacional de cineastas", analisava Peter Baker na revista *Films and Filming*, de Londres.

Alberto Moravia, que já era fã de *Barravento*, encheu as páginas do *L'Espresso* com uma caudalosa crônica sobre *Deus e o diabo*:

> *Assim, o Santo Sebastião e Corisco representam Deus e o diabo, ambos deformados e transtornados pela solidão do sertão. Antonio das Mortes é matador profissional, figura sinistra e melancólica, com a lógica de assassino visionário, imaginando que, uma vez eliminados o diabo (Corisco) e Deus (o Santo Sebastião), haverá então a guerra de libertação, ou melhor, a revolução que redimirá o sertão. É assim que Antonio das Mortes fulmina o profeta e o bandido. Manuel, símbolo do povo brasileiro, escapa, testemunha viva da verdade das teses do filme.*

Depois de tantas alegrias e esperanças, foi duro voltar ao Brasil com os rumores e temores da ditadura militar. No Rio, Glauber reencontrou os amigos no bar da Líder, no cinema Paissandu, no Zepelin, no Jangadeiros, no Amarelinho, e se inteirou das péssimas novidades.

A pior era um telefonema que Barretão recebera de um velho amigo, que tinha sido seu capitão no serviço militar e companheiro de basquete no Flamengo, e, pelas curvas do destino, estava na secretaria do temido Conselho de Segurança Nacional (CSN), onde mandatos eram cassados, prisões decretadas e cabeças rolavam.

O coronel Curvo era um típico boa-praça carioca, esportivo, popular, rubro-negro roxo como Barretão, e se tornara um "revolucionário" de primeira hora, trabalhando em estreita ligação com a Presidência da República. Baixando a voz, disse a Barretão que fosse com Glauber a Brasília o quanto antes, porque havia um dossiê cabeludo contra os dois, por declarações subversivas dadas no Festival de Cannes.

O encontro foi marcado para dois dias depois, às 13h30 pontualmente. No horário de almoço seria mais discreto, o Palácio do Planalto ficava quase deserto. Para o funcionalismo público o almoço sempre será sagrado.

Na hora combinada, depois de identificados e credenciados na portaria, Glauber e Barretão pegaram o elevador para o terceiro andar, onde ficavam o CSN e a Presidência da República. Foram informados pela recepcionista que a sala do coronel Curvo ficava no fim do longo corredor.

A sala estava deserta, até a mesa da secretária estava com a cadeira vazia, com um casaco pendurado. Glauber e Barretão examinaram a sala, leram papéis em cima da mesa e um memorando que estava sendo datilografado. E abriram a porta que dava para a sala do coronel Curvo.

Mas logo viram que tinham aberto a porta errada. Estavam no gabinete, também vazio, do presidente da República, marechal Castelo Branco.

Glauber ficou fascinado com a mesinha cheia de telefones ao lado da grande mesa presidencial; eram quase todos pretos, mas havia um verde e outro vermelho, que deveriam ser mais poderosos.

"Vamos pegar esses telefones e começar a dar ordens para os comandantes, vamos semear o caos, vamos revolucionar o país", Glauber estava animado. Barretão não queria saber de brincadeiras:

"Vamos é sair logo daqui antes que chegue algum segurança e prenda a gente."

A secretária voltava do banheiro com uma escova de dentes na mão e, antes que ela dissesse alguma coisa, eles a cumprimentaram e se retiraram.

No corredor, encontraram Curvo chegando atrasado à sua sala no Conselho de Segurança Nacional, quase em frente à do presidente. O coronel lhes mostrou os recortes com as entrevistas em Cannes, com as críticas que haviam feito ao golpe militar. Barretão disse que só tinham falado de cinema e que o golpe militar só fora citado de passagem, a imprensa europeia é que exagerava muito os nossos problemas sociais. Curvo fingiu que acreditou, achou que era tudo uma bobagem, sabia que eles não eram subversivos nem corruptos, mas artistas:

"Vou fazer um informe liberando vocês. Mas aqui no Brasil vocês sabem que a coisa é diferente e é melhor não cutucar a onça com vara curta", despediu-se o coronel boa-praça.

Na volta para o Rio, Glauber lamentava a oportunidade perdida de fazer a sua contrarrevolução telefônica e assegurava a Barretão:

"No Brasil só tem três coisas que funcionam: a Igreja, o Itamaraty e o Exército, porque têm hierarquia. E país que não tem hierarquia é uma esculhambação."

Ajudado pela publicidade internacional, a crítica nacional e o boca a boca entre os que assistiram às premières, o lançamento de *Deus e o diabo* foi muito bem-sucedido. Sem ser um estouro de bilheteria, teve bom público e uma torrente de críticas entusiasmadas. Até o temido Moniz Vianna, maior ícone da crítica cinematográfica carioca, que não tinha a menor simpatia pelo Cinema Novo e estava brigado com Glauber, elogiou por escrito, à sua maneira:

"O melhor filme brasileiro depois de *O cangaceiro*, de Lima Barreto."

Qualquer um ficaria felicíssimo, mas Glauber, que desancara *O cangaceiro* com 15 anos de idade no seu programa de rádio em Salvador, achou o elogio ambíguo e insuficiente. Mas Moniz reafirmou seu juízo: gostava muito de *O cangaceiro* e o considerava um dos raros filmes brasileiros elogiáveis. *Deus e o diabo* era o melhor dos *últimos* dez anos.

Era muito pouco. Entre a euforia pelo sucesso artístico internacional e as incertezas pelo quadro político nacional, Glauber queria mais. Queria inventar um cinema brasileiro forte, independente e plural, queria orientar a vida, os amores e os filmes de seus amigos, queria mudar o Brasil em 24 quadros por segundo.

Aproveitando a boa repercussão de *Deus e o diabo*, *Barravento* foi relançado em quatro cinemas do Rio. Anunciado como "um filme de violência, sexo, suspense e fetichismo, a beleza satânica de uma mulher no mais excitante nu do cinema", foi ignorado pelo público.

Em setembro de 1964, Glauber se preparava para levar *Deus e o diabo* ao Festival de Acapulco, no México, e de lá planejava passar uma temporada com Ubaldo em Los Angeles. Conheceria Hollywood por dentro, Hollywood conheceria Glauber Rocha.

Maciel era hóspede no apartamento de Glauber em Ipanema e conta que, numa bela tarde de sol de primavera, cochilava na sala quando foi acordado pelos gritos de Glauber no quarto.

Sem que houvesse acontecido nada de extraordinário, ele mergulhara em uma repentina crise de depressão e angústia. Gritava e chorava, apertava a barriga e gemia de dor, cambaleava pelo quarto, batia com a cabeça na parede.

Maciel já tinha visto Glauber muito alterado, mas nunca daquele jeito. Ficou assustado, com medo de que ele se machucasse. Parecia tomado por uma força estranha, por um transe em que somatizava no próprio corpo os males e as contradições do Brasil. Maciel perguntou-lhe se podia fazer alguma coisa. Chamar um médico? Glauber ofegava:

"Não. Chame o Barreto."

Maciel ligou imediatamente para Barretão, que chegaria em dez minutos. Mas Glauber continuava tremendo e com a respiração pesada:

"Chame o Sarra", pediu.

Maciel telefonou, disse que Glauber estava passando mal e chamava por ele. Sarra iria correndo, pois também morava em Ipanema.

"Chame o Nelson, urgente." Maciel chamou. Nelson estava viajando.

"Agora chame o Cacá", Glauber continuava arfante.

Maciel disse que não dava:

"O Cacá está na Europa, Glauber."

"Então chame o Davizinho."

Poucos minutos depois, Sarra foi o primeiro a chegar, em seguida chegaram Barretão e Davizinho, todos preocupados. Recostado na cama, Glauber chorava e suava, com o olhar esgazeado.

Cercado pelos amigos, como se estivesse em um leito de morte, começou a distribuir tarefas como em um último delírio, num tom que não admitia contestação:

"Sarra, você vai fazer *Capitu* e demonstrar no barroco dialético a falência do mundo das ilusões conjugais burguesas."

Bebeu água, respirou fundo e continuou:

"Joaquim tem estilo. Vai fazer *O padre e a moça* e balançar o fanatismo católico subdesenvolvido de Minas Gerais decadente com a força do seu cinema poético."

Todos concordaram e aplaudiram. Glauber se animou:

"Barreto vai ser senador e revolucionar as estruturas produtivas do cinema brasileiro como revolucionou a fotografia."

Mais aplausos e risos. Glauber seguiu distribuindo tarefas a presentes e ausentes, como o testamento de uma geração. Nelson, Cacá, Leon e Waltinho, mesmo distante, receberam as suas. Cada tarefa era um desejo, uma profecia, uma estratégia política; Glauber se entusiasmava orientando como deveria ser cada filme, e de quase moribundo passava a enérgico general, os amigos o animavam, logo estavam todos às gargalhadas. Sentado na cama, Glauber ria espremendo os olhos, e sua voz de trovão enchia a casa:

"E eu vou fazer *O dragão da maldade contra o santo guerreiro!*"

Inebriados de esperança e de amizade, todos riam e gritavam:

"Abaixo a ditadura! O Cinema Novo vai conquistar o mundo!"

Agradecimentos

Cacá Diegues, João Ubaldo Ribeiro e Nelson Pereira dos Santos, pela generosidade e paciência.

Maria Duha, que digitou a primeira versão do livro.

José Antonio, pesquisador mineiro que conheci em 1989, em Salvador, e me emprestou uma pesquisa sobre o professor Germano e o Cepa, que não sei onde encontrar para agradecer e dar os créditos.

Bibliografia

ARRUDA, José Roberto. *Lucia, a mãe de Glauber*. São Paulo: Geração Editorial, 1999.

AVELLAR, José Carlos. *Deus e o diabo na terra do sol*. Rio de Janeiro: Rocco, 1995.

BENTES, Ivana (org.). *Glauber Rocha — Cartas ao mundo*. São Paulo: Companhia das Letras, 1997.

FONSECA, Cristina. *O pensamento vivo de Glauber Rocha*. São Paulo: Martin Claret, 1987.

GERBER, Raquel. *O mito da civilização atlântica, Glauber Rocha: cinema, política e estética do inconsciente*. Petrópolis: Vozes, 1982.

GOMES, João Carlos Teixeira. *Glauber Rocha, esse vulcão*. Rio de Janeiro: Nova Fronteira, 1997.

MACIEL, Luiz Carlos. *Geração em transe*. Rio de Janeiro: Nova Fronteira, 1996.

MATTOS, Carlos Alberto. *Walter Lima Junior — Viver cinema*. Rio de Janeiro: Casa da Palavra, 2003.

MAYRINK, Geraldo. "Citizen Glauber", revista *Playboy*.

MONZANI, Josette. *A gênese de Deus e o diabo na terra do sol*. São Paulo: Annablume, 2006.

NEVES, David E. *Cinema Novo no Brasil*. Coleção Nosso Tempo, 1966.

PAULAFREITAS, Ayêska e LOBO, José Julio. *Glauber, a conquista de um sonho — os anos verdes*. Belo Horizonte: Dimensão, 1995.

PIERRE, Sylvie. *Glauber Rocha*. Campinas: Papyrus, 1996.

RISÉRIO, Antonio. *A avant-garde na Bahia*. São Paulo: Instituto Lina Bo e P. M. Bardi, 1995.

ROCHA, Glauber. *A revolução do Cinema Novo*. São Paulo: Cosac Naify, 2004.

______. *O século do cinema*. São Paulo: Cosac Naify, 2006.

______. *Revisão crítica do cinema brasileiro*. São Paulo: Cosac Naify, 2003.

SARACENI, Paulo César. *Por dentro do Cinema Novo*. Rio de Janeiro: Nova Fronteira, 1993.

SCHINDLER, Rex. *Há muito não tenho relações com o leitão*. Rio de Janeiro: Lidador, 1975.

SENNA, Orlando. Crônica "Sartre na Bahia".

VELOSO, Caetano. *Verdade tropical*. São Paulo: Companhia das Letras, 2008.

VENTURA, Zuenir. *Minhas histórias dos outros*. São Paulo: Planeta, 2005.

Suplemento Dominical do Jornal do Brasil

Coleção Revista Ângulos

Coleção Revista Mapa

Créditos das imagens

Todos os esforços foram feitos no sentido de identificar a autoria das fotos deste livro, entretanto não conseguimos localizar alguns fotógrafos e algumas das pessoas fotografadas. Estamos prontos a dar crédito a todos aqueles que se manifestarem. Gostaríamos de agradecer, em especial, ao Tempo Glauber (TG), pela cessão de fotos e vídeo. Agradecemos também a Sante Scaldaferri, a Luiz Carlos Maciel, a Luiz Carlos Barreto e Tássia Milly, da LC Produções, a Fernando Peres, a Sérgio Ricardo e a Helena Ignez, por nos terem cedido as fotos de seus arquivos. Abaixo, a lista dos fotógrafos e acervos.

p. 11 – Álbum de família – Tempo Glauber; p. 19 – Álbum de família – Tempo Glauber; p. 26 e 27 – Álbum de família – Tempo Glauber; p. 35 – Álbum de família – Tempo Glauber; p. 45 – Álbum de família – Tempo Glauber; p. 53 – Acervo pessoal Fernando Peres; p. 61 – Álbum de família – Tempo Glauber; p. 69 – Acervo pessoal Sante Scaldaferri; p. 75 – Foto de Helio Silva – Tempo Glauber; p. 86 e 87 – Acervo pessoal Sante Scaldaferri; p. 99 – Álbum de família – Tempo Glauber; p. 105 – Álbum de família – Tempo Glauber; p. 113 – Álbum de família – Tempo Glauber; p. 121 – Álbum de família – Tempo Glauber; p. 127 – Álbum de família – Tempo Glauber; p. 135 – Acervo pessoal Sante Scaldaferri; p. 149 – Acervo pessoal Helena Ignez; p. 157 – Foto Luiz Carlos Barreto; p. 165 – *Frame* do filme *Pátio* – Tempo Glauber; p. 173 – Álbum de família – Tempo Glauber; p. 180 e 181 – Acervo pessoal Luiz Carlos Maciel; p. 187 – *Frame* do filme *Cruz na praça* – Tempo Glauber; p. 193 – Cena do filme *Mandacaru vermelho* – Tempo Glauber; p. 201 – Foto de arquivo – Agência A Tarde; p. 207 – Álbum de família – Tempo Glauber; p. 213 – Cena do filme *Barravento* – Tempo Glauber; p. 221 – Álbum de família – Tempo Glauber; p. 227 – Foto de Lucy Barreto – Acervo fotográfico Luiz Carlos Barreto; p. 234 e 235 – Acervo fotográfico Luiz Carlos Barreto; p. 241 – Álbum de família – Tempo Glauber; p. 248 e 249 – Cena do filme *A grande feira* – Tempo Glauber; p. 257 – Foto Luiz Carlos Barreto; p. 265 – Álbum de família – Tempo Glauber; p. 275 – Álbum de família – Tempo Glauber; p. 283 – Foto de Luiz Carlos Barreto – Tempo Glauber; p. 291 – Set de gravação de *Deus e o diabo na terra do sol* – Tempo Glauber; p. 297 – Cena do filme *Deus e o diabo na terra do sol* – Tempo Glauber; p. 309 – Cena do filme *Deus e o diabo na terra do sol* – Tempo Glauber; p. 317 – Foto de Juca Martins – Acervo pessoal Sérgio Ricardo; p. 331 – Álbum de família – Tempo Glauber; p. 345 – Acervo fotográfico Luiz Carlos Barreto; p. 353 – Foto de arquivo – Agência O Globo; p. 363 – Foto de Ronaldo Theobald – Agência JB.